AF403638

FACULTÉ DE DROIT DE PARIS

PRINCIPES DE DROIT ROMAIN SUR L'USUFRUIT

PRINCIPES DE DROIT FRANÇAIS
SUR LA PREUVE DE LA FILIATION NATURELLE

THÈSE
POUR LE DOCTORAT

par

Félix LEGRAND

SECRÉTAIRE DE LA CONFÉRENCE DES AVOCATS

PARIS
IMPRIMERIE RENOU ET MAULDE
Rue de Rivoli, 144

1863

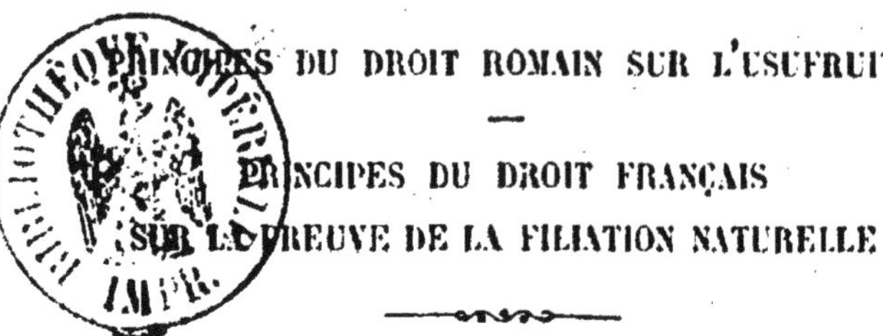

PRINCIPES DU DROIT ROMAIN SUR L'USUFRUIT

—

PRINCIPES DU DROIT FRANÇAIS
SUR LA PREUVE DE LA FILIATION NATURELLE

THÈSE
POUR LE DOCTORAT

par

Félix LEGRAND

L'ACTE PUBLIC SERA SOUTENU
Le Mercredi 24 Juin 1863, à midi
EN PRÉSENCE DE M. L'INSPECTEUR GÉNÉRAL GIRAUD

PRÉSIDENT : M. COLMET-DAAGE,

SUFFRAGANTS :
{
MM. PELLAT.
ORTOLAN.
DURANTON.
BUFNOIR..................,
}
PROFESSEURS

AGRÉGÉ.

Le Candidat répondra, en outre, aux questions qui lui seront faites
sur les autres matières de l'enseignement.

PARIS
IMPRIMERIE RENOU ET MAULDE
Rue de Rivoli, 144
1863

A LA MÉMOIRE DE MA MÈRE

A MES PARENTS

A MES AMIS

PRINCIPES DU DROIT ROMAIN

SUR

L'USUFRUIT

Nous diviserons nos explications en trois parties : dans une première section, nous dirons ce qu'est l'usufruit et sur quelles choses il peut porter ; dans une seconde, quels sont les droits et quelles sont les obligations de l'usufruitier ; dans une troisième, comment s'établit l'usufruit et comment il s'éteint.

SECTION Ire : CE QUE C'EST QUE L'USUFRUIT, ET SUR QUELLES CHOSES IL PEUT PORTER.

L'usufruit est la principale des servitudes personnelles ; ce n'est pas une servitude établie sur un fonds au profit d'un fonds, c'est une servitude établie sur une chose au profit d'une personne (D. 7. 1. *De usuf.* 51 fr. Mod.).

Comme toutes les servitudes, c'est un droit réel (1); l'usufruitier est en relation directe avec l'objet soumis à l'usufruit, abstraction faite de toute personne et de toute obligation individuelle (D. 7. 6. *Si ususf. pet.* 5 fr. Ulp. (§ 1).

L'usufruit représentant l'un des bénéfices dont se compose la propriété (I. J. 2. 4. *De usuf.* (§ 1), ne saurait appartenir comme droit distinct à celui qui, ayant la propriété, en réunit entre ses mains les divers bénéfices; ceci est vrai de toutes les servitudes; de là l'adage : *Nulli res sua servit* (D. 8. 2. *De servit. præd. urb.* 26 fr. Paul. — 8. 4. *Com. præd.* 10 fr. Ulp.). Sans doute, le plein propriétaire retire de sa chose tous les avantages qu'en retirerait un usufruitier; mais pour lui ces avantages ne sont que les conséquences de sa pleine propriété et ne constituent pas un usufruit (D. 7. 6. *Si ususf. pet.* 5 fr. Ulp. pr.). Aussi Paul, dans son ouvrage sur les singularités du droit (*Liber singularis de jure singulari*), faisant allusion au propriétaire qui constitue un usufruit, a-t-il pu dire en plaisantant : *Quod nostrum non est, transferemus ad alios* (D. 7. 1. *De usuf.* 63 fr. Paul. — V. aussi D. 20. 1. *De pignor.*

(1) La classification des droits en droits réels et droits personnels n'était pas formulée par les juriconsultes romains; mais bien entendu, ils reconnaissaient et distinguaient ces deux espèces de droits. — Lorsqu'ils voulaient classer l'usufruit, ils le rangeaient parmi les choses incorporelles (I. J. 2. 2. *de reb. inc.* § 2).

et hypoth. 11 fr. Marcian. § 2) (1). Ce caractère de l'usufruit, de ne pouvoir exister que sur choses appartenant à autrui, est mentionné dans la définition donnée par les Instituts de Justinien; *alienis rebus*, nous disent-ils (I. J. 2. 4. pr.)

Ce droit sur la chose d'autrui consiste à en pouvoir user et jouir; *utendi fruendi*, disent encore les Instituts (ibid.).

Chacun de ces deux mots, *uti* et *frui*, correspond à deux éléments distincts. *Uti*, c'est user de la chose sans en prendre les fruits (D. 7. 8. *De usu et habit.* 2 fr. Ulp. pr.); ainsi, celui qui a le droit d'user d'un animal ne peut, en principe, qu'appliquer à son service personnel le travail auquel il est propre, sans prendre ni les petits, ni le lait; celui qui a le droit d'user d'un jardin ne peut que s'y promener, sans recueillir aucun de ses produits (2). *Frui*, c'est percevoir les fruits; et ce droit, en principe, ne renferme pas le droit d'usage.

Mais, comme la culture et la récolte nécessitent des allées et venues sur le fonds, le *fructus* comporte un ce   apiétement sur l'*usus* (D. 7. 1. *De usuf.* 42 fr. F   r.)

    marquons que lorsqu'il s'agissait d'une chose

(1) La régle catonienne ne s'appliquant pas au legs d'usufruit, on pouvait léguer un usufruit qu'on n'avait ni comme usufruit formel, ni comme usufruit causal (D. 7. 1. *de usuf.* 72 fr. Ulp.)

(2) En principe, disons-nous, car les jurisconsultes frappés du peu d'utilité qu'il y aurait eu à retirer de l'usage nu de certaines choses interprétèrent largement le legs d'usage (v. notamment : D. 7. 8. *de usu et habit.* 12 fr. Ulp. § 2. — 15 fr. Paul. pr.)

rapportant des fruits, le *fructus* en étant d'ordinaire beaucoup plus important que l'*usus*, on considérait ce dernier comme sous-entendu dans le legs du *fructus*; on pensait que le testateur n'avait songé qu'à ce qu'il y avait de principal dans l'usufruit, et on interprétait sa disposition comme s'il avait dit *usumfructum* (D. 7. 8. *De usu et habit.* 14. fr. Ulp. § 1. — Paul. sent. 3. 6. 24). Bien entendu, la solution était différente si le testateur avait légué l'usufruit à une personne, l'usage appartenant à une autre.

Des deux éléments dont se compose l'usufruit, l'un, l'*usus*, est indivisible, tandis que l'autre, le *fructus*, est parfaitement divisible. On ne peut pas user de la moitié indivise d'un jardin; il est impossible de monter la moitié indivise d'un cheval; au contraire, une récolte se peut très-bien partager, et on peut se servir utilement des fruits composant chaque part (D. 7. 8. *De usu et habit.* 19. fr. Paul). Une conséquence de cette indivisibilité de l'*usus*, c'est qu'avoir l'usufruit d'une moitié indivise, c'est n'avoir droit qu'à la moitié du *fructus*.

L'*usus* et le *fructus* d'une chose, réunis dans l'*ususfructus*, représentant les principaux attributs utiles de la propriété, lorqu'une chose est frappée d'usufruit, on dit que le propriétaire n'en a plus que le *nudum dominium*, qu'il est *nu-propriétaire*.

A ces mots de leur définition de l'usufruit : *ususfructus est jus alienis rebus utendi fruendi*, les Instituts ajoutent ceux-ci : *salvâ rerum substantiâ* (2. 4. pr.).

Quel est le véritable sens de ces dernières expressions? Des controverses se sont élevées sur ce point; il y a trois systèmes : dans l'un, ces expressions signifieraient : *à charge de conserver la substance de la chose;* dans un autre : *à condition que la substance de la chose résiste au premier usage;* dans un troisième, enfin : *autant seulement que dure la substance de la chose.*

Nous croyons que ces expressions ne signifient pas : *à charge de conserver la substance de la chose.* C'est ainsi, il est vrai, que les ont traduites les rédacteurs de notre Code civil; mais tel n'a pas dû être leur sens en droit romain. Il serait singulier, en effet, que les Romains, définissant un droit réel, eussent fait entrer dans leur définition la mention d'une obligation, qui, chez eux, n'était pas le résultat même de la constitution d'usufruit, mais seulement celui d'un contrat accessoire; l'usufruitier n'étant tenu de jouir en bon père de famille, et par conséquent n'ayant charge de conserver la substance de la chose, que par l'effet d'une stipulation.

Nous ne croyons pas devoir partager davantage l'opinion de ceux qui pensent que dans les Instituts les mots *salvâ rerum substantiâ* font allusion à ce caractère particulier du véritable usufruit : qu'il ne peut exister que sur choses dont la substance résiste au premier usage. Tel était, il est vrai, le sens dans lequel Ulpien employait ces expressions: « Ususfructus legari potest jure civili earum rerum quarum *salvâ substantiâ utendi fruendi potest esse facultas*, » nous dit-il (reg. 24. 26.); tel était aussi, probablement, le sens dans lequel elles étaient employées par Paul, son contemporain, auquel les Instituts les ont empruntées (**D. 7. 1.** *De usuf.* **1. fr. Paul**); car on ne peut pas expliquer le fragment du Digeste où on les rencontre par le fragment que les compilateurs ont mis à la suite, puisque ce dernier appartient à un autre jurisconsulte. Mais, et cette remarque nous est suggérée par les mots *jure civili* qui se trouvent dans le fragment d'Ulpien que nous venons de citer, il nous paraît peu probable que les rédacteurs des Instituts, qui entendaient donner de l'usufruit une définition générale, comprenant avec l'usufruit le quasi-usufruit, aient employé les mots *salvâ rerum substantiâ* dans un sens qui alors ne serait plus exact.

Nous croyons, il nous paraît même certain que les rédacteurs des Instituts ont entendu dire que l'usufruit ne pourrait exister sur une chose que tout autant que subsisterait la substance de cette chose. Leur définition est composée de deux fragments, de celui de Paul, dont nous parlions tout à l'heure, et de celui de Celse, qui lui fait immédiatement suite, au Digeste; l'adjonction de ce second fragment au premier imprime forcément aux expressions *salvâ rerum substantiâ* le sens que nous leur assignons; le second fragment, devenu la seconde partie de la phrase, n'y figure que comme développement de ces expressions, intimement lié à elles par les mots *est enim;* or, voici la traduction exacte de ce second fragment : *L'usufruit est en effet un droit sur une chose, laquelle disparaissant, il faut bien que l'usufruit disparaisse aussi.*

On a fait à l'interprétation que nous adoptons deux objections : on a dit d'abord qu'il eût été ridicule ou au moins parfaitement oiseux de faire remarquer que l'usufruit prenait fin en même temps que la chose sur laquelle il portait ; qu'il n'y avait rien là qui fût particulier à l'usufruit et qui, à ce titre, méritât de figurer dans sa définition, pour tous les droits, comme pour lui, l'extinction se produisant nécessairement avec celle de la chose soumise au droit. Nous répondons à cette objection qu'elle pourrait être fondée si le mot *substantia* signifiait les éléments matériels eux-mêmes de la chose, quelles que fussent les transformations subies par cette chose, et si, au point de vue de l'usufruit, il ne cessait d'y avoir *salva substantia* qu'autant que ces éléments matériels eux-mêmes auraient disparu. Mais tel n'est pas le sens du mot *substantia*; ce mot signifie : la manière d'être des éléments composant la chose. S'agit-il d'une maison, *substantia*, c'est la manière d'être des divers matériaux de cette maison ; la maison s'écroule-t-elle, il n'y a plus *substantia salva*; les matériaux existent, mais leur manière d'être, la maison n'existe plus, et l'usufruit est éteint. Ce mode d'extinction est particulier à l'usufruit ; la propriété ne s'éteint pas ainsi ; le propriétaire d'une maison demeure propriétaire des matériaux de la maison écroulée. Il y avait donc là pour l'usufruit un caractère spécial qu'il n'était pas oiseux d'énoncer dans sa définition. On a dit, en second lieu, que traduire les expressions *salvâ rerum substantiâ* comme nous le faisons, ce serait prêter aux Instituts une inexactitude ; qu'il n'est pas exact, en effet, que l'usufruit dure toujours autant que la substance de la chose ; que si l'extinction de cette substance est un des modes d'extinction de l'usufruit, il y en a bien d'autres. Pour écarter cette seconde objection, il nous suffit de faire remarquer que nous ne traduisons pas les mots *salvâ rerum substantiâ* par ceux-ci : *tant que dure la substance de la chose*, mais par ceux-ci : *autant seulement que dure la substance de la chose*, lesquels ne signifient pas que l'usufruit doit nécessairement durer autant que la substance, mais qu'il ne peut pas durer davantage, et sont du texte des Instituts une traduction très-littérale.

Ajoutons enfin que le sens par nous adopté est celui que donne Théophile lui-même dans sa paraphrase : « L'usufruit, dit-il, est un certain droit qui fait que j'ai l'usage et les fruits des choses d'autrui, tant qu'elles restent dans leur état primitif. » (Οὐσού-φρουκτός ἐστι δικαῖόν τι, ὃ ποιεῖ με κατὰ τῶν ἀλλοτρίων πραγμάτων ἔχειν χρῆσιν καὶ ἐπικαρπίαν, ἐφ' ὅσον αὐτὰ τὰ πρωτότυπα σώζεται πράγματα.)

Hâtons-nous, au surplus, de faire remarquer que, quel que soit le parti qu'on adopte, les partisans de chacun des trois systèmes reconnaissent que chacun des trois sens énonce un vrai caractère de l'usufruit ;

il est certain que l'usufruitier doit conserver la substance de la chose; il est certain, si l'on se place au
point de vue du véritable usufruit, que l'usufruit ne
peut porter que sur des choses résistant au premier
usage; il est certain encore que l'usufruit s'éteint avec
la substance, la manière d'être de la chose. La controverse, au point de vue pratique, n'a donc aucune
espèce d'intérêt.

Résumons-nous sur cette partie de notre section,
consacrée à son premier objet; le résultat auquel
nous sommes arrivé est une définition de l'usufruit
que nous croyons devoir, d'après les Instituts, formuler en ces termes : L'usufruit est le droit de percevoir l'usage et les fruits d'une chose appartenant à
autrui, autant seulement que cette chose conserve
sa principale manière d'être.

Examinons maintenant le second objet de cette
section, c'est-à-dire quelles sont les choses susceptibles d'usufruit.

Le principe est ici facile à énoncer : Sont susceptibles d'usufruit les choses corporelles susceptibles
de propriété, meubles ou immeubles (D. 7. 1. *De
usuf.* 7 fr. Ulp. pr. — 3 fr. Gaius § 1. — 41 fr. Marcian. pr. et § 1 — 43 fr. Ulp.); d'où il résulte, pour
le dire en passant, que l'usufruit est tantôt un droit
mobilier et tantôt un droit immobilier.

Mais à ce principe apparaît tout d'abord une restriction importante : ne sont pas susceptibles d'usufruit les choses corporelles qui se consomment par le

premier usage; cette restriction, qui nous est indiquée par l'emploi fait par Paul et Ulpien des mots *salvâ rerum substantiâ* dans le sens qu'ils leur donnaient, puis par le § 2 du titre *de usufructu*, aux Instituts, est commandée par la nature même des choses; l'usufruit comporte l'idée d'un objet dont on peut retirer une utilité continue ou des produits successifs; l'usufruit d'un objet dont on ne pourrait se servir sans le détruire équivaudrait à la propriété; or, avoir le droit d'user et de jouir, ce n'est pas avoir celui de détruire.

Est-ce à dire que toute constitution d'usufruit sur une chose se consommant par le premier usage doive être nécessairement impossible?

Il en fut ainsi jusqu'au temps de Cicéron (Cicero, *in Topicis*, III : «Non debet ea mulier, cui vir bonorum suorum usumfructum legavit, cellis vinariis et oleariis plenis relictis, putare id ad se pertinere; usus enim, non abusus legatus est; ea sunt inter se contraria »); mais un Sénatus-Consulte postérieur fit disparaître l'impossibilité; la date précise de ce document ne nous est pas connue, mais on doit le rapporter, soit aux derniers temps de la république, soit au règne d'Auguste ou de Tibère; il se place nécessairement a l'une de ces époques, puisqu'il a été commenté par Sabinus, lequel vivait sous Tibère. La décision du sénat nous a été transmise par Ulpien en ces termes : « Ut omnium rerum, quas in cujusque patrimonio esse constaret, ususfructus legari possit. » (D. 7. 5. *De usuf. car, rer. quæ usu. 1 fr. Ulp. lib. 18. ad Sabinum.*) Ulpien ajoute : « quo sénatus-consulto inductum videtur, ut earum rerum, quæ usu tolluntur, vel minuuntur, possit ususfructus legari »; *d'où cette induction qu'on peut léguer l'usufruit même des choses de consommation.*

Il est possible que l'origine de ce Sénatus-Consulte se rattache à l'apparition des lois caducaires Julia et Papia Poppœa ; on sait que ces lois avaient pour but d'encourager au mariage et à la procréation des enfants légitimes, et que, pour y contraindre, elles frappaient de certaines incapacités les personnes non mariées ou mariées et sans enfants. Une de leurs dispositions était que, lorsque deux personnes mariées ensemble n'avaient pas d'enfant, celle qui mourait la première ne pouvait laisser à l'autre qu'un dixième de sa fortune en pleine propriété, plus un tiers en usufruit ; il résultait de là que, si la fortune ne se fût composée que de choses se consommant *primo usu*, tout ce qui aurait pu être laissé utilement à l'époux survivant, c'eût été le dixième en pleine propriété ; rendre possible un usufruit sur des choses de consommation, c'était remédier à cette conséquence trop rigoureuse du système des lois caducaires, en permettant au prémourant de laisser utilement à son conjoint, outre le dixième en pleine propriété, le tiers en usufruit ; on peut présumer que telle fut la pensée qui dicta le Sénatus-Consulte.

Quoi qu'il en soit, ce Sénatus-Consulte ne pouvai

faire que sur choses se consommant par le premier usage existât un véritable usufruit ; la nature s'y refusait ; les Instituts, au § 2 du titre *De usufructu*, ont soin de le faire remarquer : « Ergo senatus non fecit quidem earum rerum usumfructum (nec enim poterat), sed per cautionem quasi usumfructum constituit. » Gaius, avant eux, avait dit : « Quo Senatus-Consulto non id effectum est, ut pecuniæ ususfructus propriè esset ; nec enim naturalis ratio auctoritate senatus commutari potuit : sed, remedio introducto, cœpit quasi ususfructus haberis » (D. 7. 5. *De usuf. ear. rer. quæ usu.* 2 § 1.) De là est venue l'expression de *quasi-usufruit* ; elle n'appartient pas au droit romain ; la preuve en est dans l'intitulé même du titre du Digeste qui traite de cette matière (7. 5. *De usufructu earum rerum, quæ usu consumuntur, vel minuuntur*) ; mais on peut l'employer, car elle est à la fois commode et exacte.

En quoi consiste donc le quasi-usufruit ? — Le quasi-usufruitier acquiert la propriété même des choses sur lesquelles frappe son droit (D. 7. 5. *De usuf. car. rer.* 7 fr. Gaius) ; mais il n'a que la jouissance de leur valeur, laquelle, lorsqu'arrivera un événement éteignant le droit, devra être restituée.

Cette restitution s'opérera en nature ou en argent ; en nature, c'est-à-dire au moyen de choses égales en quantité et qualité à celles remises au quasi-usufruitier, si lors de cette remise il n'a pas été fait d'estimation ; en argent, dans le cas contraire. On comprend que l'estimation, rendant le règlement plus commode (D. 7. 5. *De usuf. ear. rer.* 7 fr. Gaius), dut promptement passer en habitude ; ce fut ce qui arriva, car les Instituts ne parlent plus de restitution en nature (*De usuf.* § 2 : « ... Res ita traduntur legatario ut ejus fiant ; sed æstimatis his satisdatur, ut, si morietur aut capite minuetur, tanta pecunia restituatur quanti hæ fuerint æstimatæ. »)

Remarquons que si les choses avaient été remises au quasi-usufruitier sans estimation, l'obligation d'en restituer en quantité et qualité égales faisait courir à sa fortune une chance de gain ou de perte : il y avait gain si, à l'époque de la restitution, le prix des choses de cette espèce se trouvait avoir diminué; il y avait perte, au contraire, si ce prix avait augmenté.

Pour assurer l'exécution de l'obligation qu'il prenait de restituer soit des choses en même quantité et de même qualité, soit le montant de l'estimation, le quasi-usufruitier était astreint à donner caution (I. J. 2. 4. *De usuf.* 2. — D. 7. 5. *De usuf. ear. rer.* 7 fr. Gaius. — 2 fr. id. pr. — 6 fr. Julian. pr. et § 1. — 5 fr. Ulp. § 1).

Les textes ne restreignent pas la faculté de constituer un quasi-usufruit au cas où il s'agirait de deux époux, dont l'un voudrait faire une libéralité à l'autre; si, primitivement, cette faculté fut limitée à cette hypothèse, elle s'étendit certainement à toute personne voulant faire un legs. Mais faut-il penser qu'elle se généralisa davantage encore et qu'on put

constituer le quasi-usufruit autrement que par legs?
On peut être tenté de penser le contraire. Dans le
Sénatus-Consulte, tel qu'il nous est rapporté par Ulpien, il n'est question que de legs; partout, lorsque
les textes nous parlent du quasi-usufruit, ils nous le
présentent comme constitué par testament, et nulle
part comme constitué entre-vifs. Mais nulle part, non
plus, il n'est dit que la constitution entre-vifs d'un
pareil usufruit fût impossible; et, malgré l'analogie
de cet usufruit avec le *mutuum*, il reste encore entre
eux assez de différences pour qu'on puisse comprendre l'utilité dans certains cas d'une constitution
entre-vifs : ainsi, le *mutuum* comporte d'ordinaire un
terme fixe; au contraire, le quasi-usufruit dure le
plus souvent jusqu'à la mort du quasi-usufruitier;
dans le *mutuum* il n'y a pas de caution à fournir,
tandis que le quasi-usufruitier en doit une.

Quand un droit d'usufruit aura été constitué, la
question pourra se présenter de savoir s'il s'agit d'un
quasi-usufruit ou, au contraire, d'un véritable usufruit. Dans la plupart des cas le doute ne sera pas
possible, parce que la plupart des choses se classent
facilement parmi celles de consommation ou en dehors de cette catégorie; ainsi de l'argent monnayé
(Voy. cependant D. 7. 1. *De usuf.* 28 fr. Pomp.), du
blé, du vin, de l'huile, des parfums (D. 7. 5. *De usuf.
car. rer.* 11 fr. Ulp.); mais dans certains cas le
doute naîtra. Des vêtements, par exemple, à cause de
leur durée plus ou moins restreinte, peuvent être

considérés comme ne devant faire que l'objet d'un quasi-usufruit, ou, au contraire, comme pouvant faire l'objet d'un usufruit véritable; aussi les Instituts nous les présentent-ils comme objets de consommation (2. 4. *De usuf.* 2 : « ... vinum, oleum, frumentum, vestimenta... »), tandis qu'ailleurs ils sont présentés comme susceptibles d'un véritable usufruit (D. 7. 1. *De usuf.* 15 fr. Ulp. § 4. — D. 7. 9 *Usuf. quemad. cav.* 9 fr. Ulp. § 3). En cas d'incertitude sur l'intention du constituant, on devra d'abord examiner avec soin les termes mêmes de la constitution ; s'il est impossible de se décider par ce moyen, on se décidera par des considérations tirées principalement de la nature et de la destination des objets. Le droit a-t-il été constitué sur des vêtements en étoffe commune et destinés à l'usage journalier, on dira que c'est un quasi-usufruit ; l'a-t-il été sur de riches vêtements de cérémonie, on dira que c'est un véritable usufruit.

La question n'est pas sans importance pour l'usufruitier ; il a intérêt à ce qu'on décide qu'il y a usufruit véritable ; car, dans ce cas, il n'aura à restituer à la fin de l'usufruit que ce qui restera des choses elles-mêmes qui lui auront été remises, et rien si, malgré ses soins, l'usage n'en a rien laissé (D. 7, 9, *usuf. quem. cav.* 9 fr. Ulp. § 3); au contraire, si l'on décide qu'il y a quasi-usufruit, il lui faudra rendre, ainsi que nous l'avons vu, soit des objets égaux en quantité et qualité à ceux qui lui auront été remis, soit le montant de l'estimation de ces derniers, s'il y a eu estimation.

Il est vrai qu'à un autre point de vue l'usufruit véritable est moins avantageux pour l'usufruitier que le quasi-usufruit : l'usufruit véritable s'éteint en effet *non utendo*, c'est-à-dire par le simple non-usage prolongé pendant un certain temps, tandis que le quasi-usufruit ne saurait s'éteindre de cette manière, le quasi-usufruitier ayant la propriété même des choses soumises à son droit, et la propriété ne s'éteignant pas par simple non-usage. (Vat. frag., § 46.)

En résumé donc, toutes les choses corporelles susceptibles de propriété sont susceptibles d'usufruit.

Quid, maintenant, des choses incorporelles?

Si les termes du Sénatus-Consulte étaient en réalité aussi larges que nous le rapporte Ulpien : « Ut om-« nium rerum quas in cujusque patrimonio esse « constaret ususfructus legari possit », il n'est pas étonnant qu'on ait étendu sa disposition aux choses incorporelles. Ce fut ce qui arriva. Nous voyons, en effet, qu'on pouvait constituer un usufruit sur une créance. Ulpien nous dit (D. 7. 5, *uc Dsuf. car. rer.* 3) que ce point avait fait l'objet de controverses, que Nerva notamment prétendait qu'un pareil usufruit n'était possible qu'au profit du débiteur, mais que Cassius et Proculus étaient d'un avis contraire; cette dernière opinion, trouvée préférable par Ulpien, avait prévalu. Si c'est au profit du débiteur lui-même qu'est constitué l'usufruit de la créance, ce débiteur, tant que durera l'usufruit, n'aura pas d'intérêts à payer ; s'il doit 100 à 12 p. 100 par an, il bénéficiera d'autant de fois 12 que son usufruit durera d'années (ibid.) ; si c'est au profit d'un tiers, ce tiers, tant que le débiteur n'aura pas payé sa dette, en touchera les intérêts, et lors du remboursement, il prendra le capital à titre de quasi-usufruitier. Nous croyons que dans le premier cas, celui où l'usufruit était constitué au profit du débiteur, ce débiteur, lui aussi, à partir de l'époque fixée pour le remboursement, devenait quasi-usufruitier du capital ; penser le contraire, ce serait, il nous semble, rendre assez difficile l'explication du fragment de Paul qui forme la loi 4 du titre *De usuf. ear. rer.* (D. 7. 5).

On était allé jusqu'à valider le legs d'usufruit d'une servitude prédiale, malgré la maxime : *Servitus servitutis esse non potest* ; et, pour y arriver, on avait imaginé deux moyens ; supposons qu'étant propriétaire d'un fonds, j'aie légué à Titius, mon voisin, l'usufruit du droit de passer ; ou bien, mon héritier s'engagera vis-à-vis de Titius à le laisser passer, auquel cas il n'y aura pas au profit de Titius de droit réel constitué, mais une simple créance contre l'héritier ; ou bien mon héritier établira réellement la servitude, mais en ayant soin de stipuler que, lors d'un événement entraînant pour Titius déchéance du droit d'usufruit, la servitude sera éteinte, par *in jure cessio*, par exemple (D. 33. 2. *De usu et usuf.* 1 fr. Paul.).

SECTION II. — DROITS ET OBLIGATIONS DE L'USUFRUITIER.

L'usufruitier a droit à tout l'usage et à tous les fruits de la chose soumise à son usufruit.

Dans son droit d'usage il puise la faculté d'habiter la maison, de demeurer sur le fonds rural, d'exercer les servitudes qui lui sont dues, d'employer les bœufs, les chevaux, à la culture et aux autres travaux auxquels ils sont propres, les navires à la navigation, les ustensiles, l'*instrumentum* à la culture, etc. (D. 7. 8. *De usu et habit.* 2 fr. Ulp. § 1, et 10 fr. id. § 4. — 7. 1. *De usuf.* 15 fr. Ulp. §§ 6 et 7. — 7. 6. *Si ususf. pet.* 1 fr. Ulp. pr. — 8. 5. *Si serv. vind.* 2 fr. Ulp. § 2. — 7. 8. *De usu et habit.* 12 fr. Ulp. §§ 3 et 4. — 7. 1. *De usuf.* 12 fr. Ulp. § 1).

L'usufruitier a droit à tous les fruits (D. 7. 1. *De usuf.* 7 fr. Ulp. pr.), droit de les percevoir, soit par lui-même, soit par quelqu'un agissant en son nom.

Que devons-nous entendre ici par *fruits?* Plusieurs textes, se plaçant dans l'hypothèse où il s'agit de l'usufruit d'un fonds, nous disent qu'il faut considérer comme fruits *quidquid in fundo nascitur, quidquid inde percipitur* (D. 7. 1. *De usuf.* 9 fr. Ulp. pr., et 59 fr. Paul. § 1). Malgré leur généralité, ces textes doivent être entendus avec certaines restrictions ; il ne faut pas appeler fruits tout ce qui peut être retiré d'une chose ou perçu à son occasion ; il faut seulement appeler fruits, et à ce titre considérer comme appartenant à l'usufruitier, ce que la chose est destinée à produire périodiquement, ce qu'on nomme vulgairement le *revenu*.

Ainsi, les fruits d'un fonds rural, ce sont les récoltes que ce fonds produit chaque année; les fruits d'un taillis, ce sont les coupes suivant les aménagements; ceux d'une pépinière, les arbres qu'on peut y prendre pour les planter ailleurs; ceux d'un étang, les pêches qu'on fait après chaque période de trois ou quatre ans (D. 7. *De usuf.* 9 fr. Ulp. §§ 1, 6 et 7. — 10 fr. Pomp. — 59 fr. Paul. § 2); les fruits d'un troupeau, c'est le lait, la laine, c'est aussi le croît, bien que, sur le point de savoir s'il doit comme fruit appartenir à l'usufruitier, quelques controverses se soient élevées jadis (D. 7. 1. *De usuf.* 68 fr. Ulp. § 1. – 1. J. 2. 1. *De div. rer.* § 37); les fruits d'une carrière ou d'une mine, ce sont les pierres et les matériaux qu'on en extrait; quoiqu'en exploitant une carrière ou une mine on diminue le fonds lui-même, il paraît résulter des textes que leurs produits appartenaient comme fruits à l'usufruitier, et qu'il avait droit, non-seulement de continuer l'exploitation des mines et carrières ouvertes, mais même d'en ouvrir de nouvelles, à condition, bien entendu, que l'exploitation présentât des chances de durée assez considérables pour ne pouvoir être considérée comme une dégradation (D. 7. 1. *De usuf.* 9 fr. Ulp. §§ 2 et 3. — 13 fr. Ulp. § 5).

Nous n'avons encore cité que des produits réels, des fruits proprement dits, mais il ne faut pas oublier les fruits civils; en les comprenant, on peut établir trois classes de fruits: deux classes de fruits véritables, les fruits naturels qui sont le produit spontané de la chose, et les fruits industriels, qui sont le résultat de la culture; puis les fruits civils, qui sont la représentation en argent de l'usage ou des fruits de la chose.

Certaines choses sont susceptibles de rapporter ces trois sortes de fruits; d'autres, deux seulement; d'autres, enfin, ne peuvent rapporter que des fruits civils. Un fonds de terre, par exemple, peut fort bien rapporter soit des fruits naturels, soit des fruits industriels, soit des fruits civils; une carrière, une mine ne peuvent rapporter que des fruits naturels ou des fruits civils; une maison ne pouvant rapporter que des loyers, n'est susceptible de produire que des fruits civils (D. 7. 1. *De usuf.* 7 fr. Ulp. § 1).

Il n'y a pas d'intérêt à distinguer ici les fruits naturels ou spontanés et les fruits industriels; ces deux sortes de fruits appartiennent aussi bien l'une que l'autre à l'usufruitier, et le mode d'acquisition pour lui de leur propriété est le même; c'est la perception (D. 7. 4. *Quib. mod. ususf.* 13 fr. Paul. — I. J. 2. 1. *De div. rer.* § 36).

Il faut pour qu'il devienne propriétaire de ces fruits qu'ils soient perçus par lui, ou par quelqu'un pour lui. Jusque-là ils appartiennent au propriétaire de la chose soumise à l'usufruit.

Les conséquences de ce principe, que c'est la perception, et la perception seule, qui rend l'usufruitier propriétaire, sont importantes ; les voici : 1° Si des fruits mûrs sont encore pendants à l'époque où commence l'usufruit, l'usufruitier a droit de les percevoir (D. 7. 1. *De usuf.* 27 fr. Ulp. pr.), et, réciproquement, si des fruits mûrs sont pendants à l'époque où finit l'usufruit, ils ne pourront pas être recueillis par les héritiers de l'usufruitier, et appartiendront au propriétaire. (I. J. 2. 1. *De div. rer.* § 36). Remarquons ici que si, avant l'expiration de l'usufruit, l'usufruitier avait récolté certains fruits non encore arrivés à une parfaite maturité, et qui n'y fussent arrivés qu'après la réunion de l'usufruit à la propriété, il ne pouvait ensuite, à raison de ce fait, être attaqué par le propriétaire, pourvu qu'en cela il eût agi sans aucune intention de fraude, mais comme un bon père de famille, respectant les usages, ou désireux de réaliser un produit plus avantageux ; par exemple, s'il avait récolté avant maturité du foin pour qu'il fût moins gros, des olives pour qu'elles rendissent une huile meilleure (D. 7. 1. *De usuf.* 48 fr. Paul. § 1. — 33. 2. *De usu et usuf.* 42 fr. Javol.) — 2° Si, pendant la durée de l'usufruit, des fruits encore pendants ou détachés par accident et non encore ramassés (D. 7. 4. *Quib. mod. ususf.* 13 fr. Paul.) sont enlevés par des voleurs, le nu-propriétaire seul aura la *condictio furtiva* (D. 7. 1. *De usuf.* 12 fr. Ulp. § 5) ; l'usufruitier, il est vrai, ne sera pas dénué de toute action ; il aura, comme intéressé à ce que le vol n'ait pas eu lieu, l'*actio furti* (ibid. I. J. 4. 1. *De obl. quæ ex delict.* § 13).

Ainsi, au point de vue du mode d'acquisition des fruits, l'usufruitier est placé dans la même situation que le fermier, car c'est aussi par la perception, et par la perception seule, que le fermier fait les fruits siens. A ce point de vue, le mot *ferè* dans cette phrase des Instituts : « Eadem ferè et de colono dicuntur » (I. J. 2. 1. *De div. rer.* § 36) est donc surabondant ; Théophile a soin de le faire remarquer dans sa paraphrase (τὸ ferè δὲ ἥττα σχεδὸν παρέλκεται) ; il est vrai qu'à d'autres points de vue il y a entre l'usufruitier et le fermier des différences notables, entre autres celle-ci : que le droit de l'usufruitier ne passe pas à ses héritiers, tandis que celui du fermier est transmissible (C. 4. 65 *De locato.* 10. const. *Gordian.*) ; c'est ce qui peut expliquer le mauvais emploi fait par les Instituts du mot *ferè.*

Au contraire, l'usufruitier et le possesseur de bonne foi, pour l'acquisition des fruits, sont loin d'être dans la même situation. A la différence de l'usufruitier, le possesseur de bonne foi est *loco domini* ; les fruits détachés du sol lui appartiennent sans aucune nécessité de perception ni par lui-même ni par quelqu'un en son nom (D. 7. 4. *Quib. mod. ususf.* 13 fr. Paul. — 22. 1. *De usur. et fruct.* 25 fr.

Julian. §1.—41. 1. *De adq. rer. dom.* 48 fr. Paul pr.); si donc ces fruits sont volés avant d'être par lui ou pour lui recueillis, il peut exercer la *condictio furtiva* contre le voleur. Si, à cet égard, le possesseur de bonne foi est dans une situation plus favorable que celle de l'usufruitier, sous un autre rapport il est moins bien traité que lui; l'usufruitier, en effet, à la fin de l'usufruit, n'est obligé de restituer aucun des fruits qu'il a perçus, tandis que le possesseur de bonne foi, lorsque finit sa possession, doit restituer au véritable propriétaire les fruits non encore consommés, *fructus exstantes* (C. 3. 32 *De rei vindicat.* 22 const. Dioclet. et Maxim. — I. J. 2. 1. *De div. rer.* § 35). Il est incontestable que cette dernière différence entre l'usufruitier et le possesseur de bonne foi existait déjà au temps de Dioclétien ; la constitution du Code que nous venons de citer en fait foi ; mais existait-elle au temps des jurisconsultes ? On a pensé le contraire ; on a cru qu'à cette époque, le possesseur, comme l'usufruitier, faisait les fruits siens d'une manière définitive, et n'avait pas à rendre au véritable propriétaire ceux qui n'étaient pas encore consommés ; à l'appui de cette opinion on a fait valoir plusieurs arguments ; ces arguments, nous en convenons, sont de nature à jeter sur la question un certain doute ; mais nous avouons ne pas les trouver suffisamment concluants pour oser nous prononcer ; nous n'avons d'ailleurs pas à le faire ici, n'ayant pas à nous occuper d'une façon spéciale du possesseur de bonne foi.

S'il n'y a pas de distinction utile à faire entre les fruits naturels et les fruits industriels au point de vue de la manière dont ils sont acquis à l'usufruitier, il en est autrement entre ces deux espèces de fruits formant les fruits véritables et les fruits civils.

Pour que l'usufruitier acquière ces derniers, il n'est pas nécessaire qu'il les perçoive ; il les acquiert d'après d'autres règles, lesquelles varient suivant cette distinction : la chose affermée, et rapportant ainsi des fruits civils à l'usufruitier, rapporte-t-elle ou non des fruits véritables au fermier ? Si elle rapporte des fruits véritables, s'il s'agit d'un fonds de terre, par exemple, les fruits civils sont acquis à l'usufruitier lorsque les récoltes sont faites et dans la mesure où elles le sont ; supposons la récolte du fonds faite en octobre, et l'usufruit éteint par la mort de l'usufruitier en décembre ; le prix de ferme afférent à l'année, bien qu'il ne soit échu qu'au mois de mars suivant, ne devra pas être versé entre les mains du propriétaire, mais entre celles de l'héritier de l'usufruitier (D. 7. 1. *De usuf.* 58 fr. Scœv. pr.). Si la chose affermée ne rapporte pas de fruits véritables, s'il s'agit d'une maison, par exemple, les fruits civils sont acquis à l'usufruitier jour par jour ; chaque jour d'usufruit donne pour lui naissance à une petite créance qui est la trois cent soixante-cinquième partie du loyer annuel ; supposons la maison louée moyennant une somme de 365, et l'usufruitier mort au bout de 250 jours ; les héritiers de l'usufruitier auront droit à 250 (D. 7. 1. *De usuf.* 26 fr. Paul). Remarquons que si les baux avaient été faits par le propriétaire antérieurement à la constitution de l'usufruit, l'usufruitier n'aurait droit aux fermages que s'il en avait été fait mention expresse; remarquons en second lieu que l'usufruitier, pas plus que l'acquéreur, n'était tenu de respecter les baux antérieurs à la constitution de son droit, s'il n'en avait été chargé par cette constitution; le bail fait par le propriétaire était en effet, à l'égard de l'usufruitier, de même que celui fait par l'usufruitier, à l'égard du propriétaire, *res inter alios acta* (D. 7. 1. *De usuf.* 59 fr. Paul. § 1 — C. 4. 65. *De locato.* 9 const. Antonin.) (1).

En résumé donc, dans son *jus fruendi*, l'usufruitier puise la faculté de percevoir tout ce que la chose est destinée à produire périodiquement; mais il n'a aucun droit sur ce qui n'est qu'un produit accidentel de la chose, ni sur ce qui, naissant normalement d'elle, n'en peut cependant pas être considéré comme un fruit qu'elle est destinée à produire.

Par exemple, l'île née près du fonds, l'alluvion qui vient l'augmenter, n'appartiendront pas à l'usu-

______

(1) Si, dans le cas prévu par la loi de Paul précitée (26, *de usuf.*), le propriétaire acquiert quelque chose en vertu d'un louage fait pendant la durée de l'usufruit, cela tient à ce que ce louage n'a pas été fait par l'usufruitier lui-même, mais par l'esclave soumis à l'usufruit, et que d'ailleurs les loyers représentent alors le travail de cet esclave.

fruitier (1); de même du trésor découvert dans le fonds.

L'usufruitier ne peut pas davantage prétendre au droit d'exploiter les arbres qui ne sont pas destinés à être coupés (D. 7. 1. *De usuf.* 10 fr. Pomp. — 11 fr. Paul); il n'en doit couper que pour l'entretien du fonds, et ne peut enlever de ceux qui sont renversés par la violence des vents que ce qu'il faut pour ses besoins propres (D. 7. 1. *De usuf.* 12 fr. Ulp. pr.) (2).

Quant aux esclaves, l'usufruitier, qui peut louer leurs services (D. 7. 7. *De op. serv.* 3 fr. Gaius), ne recueille pas les libéralités qui leur sont faites, un esclave étant destiné à travailler et non à recueillir des libéralités; nous supposons qu'il n'apparaisse pas de volonté contraire chez le disposant, auquel cas, sauf controverse (V. not. D. 41. 1. *De adq. rer. dom.* 49 fr. Paul) qui avait divisé probablement les Proculéiens et les Sabiniens, l'usufruitier profiterait de la libéralité (D. 7. 1. *De usuf.* 21 fr. Ulp. — 22 fr. id.).

L'enfant d'une femme esclave n'appartient pas non plus à l'usufruitier, parce qu'une femme esclave n'est pas considérée comme destinée à produire des enfants; sur ce point il y avait bien eu des controverses; « an, « partus ancillæ sitne in fructu ha-

---

(1) Son usufruit s'étendra sur l'alluvion, mais non sur l'île, qui doit être considérée, dit Ulpien, après Pégase, *reluti proprium fundum* (D. 7. 1. *de usuf.* 9, § 4.)

(2) Les arbres morts lui appartiennent, mais à charge de remplacement. (D. 7. 1. *De usuf.*, 18 fr. Paul).

bendus », disseretur inter principes civitatis, P. Scævolam, M. Manilium, ab hisque M. Brutus dissentiet,.. » nous dit Cicéron (*De fin. boni et mali*, lib. I, IV.); mais l'opinion contraire à l'usufruitier avait prévalu (D. 7. 1. *De usuf.* 68 fr. Ulp. pr.). Pourquoi ne considérait-on pas la femme esclave comme destinée à produire des enfants? Les Instituts nous disent que si on n'a pas voulu classer le part de la femme parmi les fruits, ce fut parce qu'il parut absurde de mettre au rang des fruits l'homme, pour qui la nature créait tous les fruits : « Absurdum enim videbatur hominem in fructu esse, cum omnes fructus rerum natura gratiâ hominis comparaverit. » (I. 2. 1. *De div. rer.* § 37.) Ce scrupule, ainsi formulé, paraît étrange dans une législation qui mettait l'esclave au nombre des choses. Il faut cependant reconnaître que ce fut la conscience de la dignité humaine qui empêcha les jurisconsultes de considérer l'homme comme un fruit, la femme esclave comme un animal destiné à la reproduction; en dehors de là nous ne voyons aucune solide raison de différence entre l'enfant de la femme esclave et le poulain d'une jument; on en a cherché ailleurs; on a dit, en s'appuyant sur un texte d'Ulpien (D. 5. 3. *De hæred. pet.* 27 pr.) (1), que si l'on n'avait pu considérer la femme esclave comme destinée à la reproduction, ni, par consé-

---

(1) Il nous semble que tout ce qu'on pourrait conclure de la phrase d'Ulpien ce serait que ce jurisconsulte cherchait un motif vraiment juridique au triomphe de l'opinion de Brutus.

quent, son enfant comme un fruit, c'était parce qu'on ne pouvait supposer qu'un homme achetât une esclave en vue des enfants qu'elle pourrait mettre au monde; que l'idée d'une pareille spéculation était inadmissible, à cause des très-grands frais occasionnés par l'éducation de l'homme. — Nous répondons que si l'éducation d'un homme est plus longue et plus dispendieuse que celle d'un cheval, ses services, qui commencent plus tard, peuvent être aussi de plus longue durée et beaucoup plus importants que ceux rendus par n'importe quelle bête de somme; que dès lors ce n'était pas une spéculation impossible à supposer que celle d'un homme achetant une esclave aussi bien en vue des enfants qu'elle pourrait mettre au monde qu'en vue de son travail personnel. Nous pensons donc qu'on doit se résigner à trouver dans un sentiment philosophique des jurisconsultes romains le motif de leur refus de pousser jusqu'au bout ce principe : que l'esclave était une chose.

On voit, par les développements qui précédent, qu'outre le droit de vendre et d'hypothéquer sa nue-propriété (D. 7. 4. *Quib. mod. usuf.* 19. fr. Gaius. — C. 3. 33. *De usuf. et habit.* 2. const. Sever. et Anton.), le propriétaire pouvait retirer de cette nue propriété des avantages qui la rendaient pour lui loin d'être dénuée de toute utilité; par exemple : la part du trésor non dévolue à l'inventeur, les arbres non destinés à être coupés qui avaient été renversés par le vent et n'avaient pas été absorbés par les besoins personnels de l'usufruitier ou l'entretien du fonds, les enfants de la femme esclave soumise à l'usufruit, les libéralités faites à l'esclave, celles faites sans intention qu'elles profitassent à l'usufruitier, suivant les uns, et toutes, suivant les autres, ce que l'esclave acquérait autrement que *ex re fructuarii* ou *ex operis suis* (D. 7. 1. *De usuf.* 21. fr. Ulp. — I. J. 2, 9. *Per quas person.* § 4), tout cela, n'appartenant pas à l'usufruitier, appartenait au propriétaire (1).

L'usufruitier peut non-seulement louer son usufruit, mais il peut encore l'hypothéquer, le vendre ou même le donner, en tout ou en partie (D. 7. 1. *De usuf.* 12 fr. Ulp. § 2 — 67 fr. Julian.). Ce que nous disons doit s'entendre seulement de l'exercice du droit, de l'émolument à en retirer; d'où il suit que si la personne à laquelle cet exercice a été concédé vient à mourir, cette mort n'aura pas d'influence sur le droit même de l'usufruitier, elle ne l'atteindra pas; tandis que si c'est l'usufruitier qui meurt, l'exercice du droit cessera nécessairement pour celui auquel il a été

(1) Quant aux droits de chasse et de pêche, ils appartiennent, non au propriétaire, mais à l'usufruitier, non pas parce que les animaux sauvages vivant en liberté seraient des fruits comme ceux qui n'ont plus cette liberté, mais parce qu'ils ne sont pas davantage une partie du fonds, et que seul l'usufruitier a le droit de libre parcours (D. 7. 1. *De usuf.* 9 fr. Ulp. § 5. — 62 fr. Tryph. pr. et § 1. — 22. 1. *De usur. et fruct.* 26 fr. Julian. — 33. 7. *De instruct. vel instrum.* 22 fr. Paul pr.)

Le droit du nu-propriétaire d'aller et venir sur le fonds, outre ce qui concerne les grosses réparations, est limité aux nécessités de la surveillance de ses intérêts (D. 7. 8. *De usu et habit.* 16 fr. Pomp. § 1.), et de l'enlèvement des objets qui n'appartiennent pas à l'usufruitier (D. 7. 1. *De usuf.* 19 fr. id. § 1).

concédé, le droit lui-même s'éteignant. L'usufruit,
en effet, étant exclusivement attaché à une certaine
personne, une servitude personnelle, son titulaire
ne peut pas faire qu'un autre le devienne à sa place.
Sans doute, l'usufruitier peut faire cession de son
droit au nu-propriétaire; ce n'est pas là une translation de l'usufruit, puisqu'un propriétaire ne peut pas
être usufruitier de son fonds; c'en est une extinction;
les divers éléments de l'usufruit retournent se joindre
à la nue-propriété et reconstituent pour le propriétaire
une pleine propriété. Mais la cession du droit lui-même
faite par l'usufruitier à une autre personne que le propriétaire serait un acte radicalement nul; c'est ce que
nous dit Gaius (2. §30), et ce que les Instituts répètent
après lui en termes énergiques; « cedendo extraneo ni-
hil agit », disent-ils, en parlant de l'usufruitier qui
consentirait une pareille cession. Certaines personnes
ont pensé que Pomponius avait ici différé d'opinion
avec Gaius; suivant elles, ce jurisconsulte aurait été
d'avis que l'usufruitier, faisant *cessio in jure* de son
droit à un tiers, ne transférait pas sans doute son
droit à ce tiers, mais l'éteignait pour lui-même et le
faisait retourner à la nue-propriété; cela, parce que
sur l'action du tiers vendiquant, il n'avait pas con-
testé et n'avait pas affirmé que l'usufruit lui appartenait. Le texte de Pomponius sur lequel on s'appuie est
la loi 66 du titre *De jure dotium* (D. 23. 3). Nous
croyons qu'on exagère la portée de ce texte; Pomponius
nous semble avoir seulement insisté, sous une forme

peu correcte, sur cette idée : que c'est au propriétaire seul qu'une cession du droit d'usufruit peut être utilement faite; ne serait-il pas étonnant que Pomponius, Sabinien comme Gaius, et son contemporain, s'il y avait eu divergence d'opinions entre eux, eût présenté la sienne comme n'étant l'objet d'aucune controverse? Il n'y en a pas trace dans la loi 66.

Une conséquence curieuse du principe que l'usufruitier ne peut se dépouiller de son droit lui-même en faveur d'aucun autre que le propriétaire se trouve consacrée dans un fragment d'Ulpien (D. 7. 1. *De usuf.* 15. § 7 *in fine*); ce texte nous dit que le propriétaire ne peut pas, même avec le consentement de l'usufruitier, grever d'une servitude le fonds soumis à l'usufruit. Que le propriétaire, à lui seul, ne puisse grever ce fonds d'une servitude, si cette servitude doit nuire à la jouissance de l'usufruitier (D. 7. 1. *De usuf.* 16 fr. Paul), cela va de soi; c'est la conséquence naturelle de l'obligation imposée au propriétaire, comme à tout autre, de respecter le droit de l'usufruitier (D. 7. 1. *De usuf.* 15 fr. Ulp. § 6. — 60 fr. Paul. pr., et beaucoup d'autres textes); mais que le nu-propriétaire et l'usufruitier étant d'accord ne puissent, à eux deux, faire ce que peut faire un plein-propriétaire, voilà ce qui ne se comprend pas au premier abord; ceci s'explique par cette idée que l'usufruit étant exclusivement attaché à la personne de l'usufruitier, celui-ci ne peut pas plus faire passer à autrui une partie de son droit que le droit entier.

L'usufruit étant une servitude, et une servitude ne comportant pas le droit de contraindre à faire quelque chose, mais seulement celui de contraindre à souffrir son exercice, l'usufruitier, soit au début de l'usufruit, pour les grosses réparations qui seraient dès lors nécessaires (D. 7. 1. *De usuf.* 65 fr. Pomp. § 1), soit pendant le cours de l'usufruit, pour celles qui le seraient ensuite devenues, n'a aucune action contre le propriétaire; il prend la chose dans l'état où elle se trouve, et le propriétaire est parfaitement libre de la laisser périr faute de grosses réparations; il peut les faire, sans doute, auquel cas l'usufruitier, qui en profitera, est tenu de subir la privation de jouissance occasionnée par les travaux, mais il n'y est nullement obligé (D. 7. 1. *De usuf.* 7 fr. Ulp. §. 2. — *Adde* Cicero *in Topicis,* III.) (1).

Passons maintenant à l'examen des obligations de l'usufruitier.

(1) Un texte de Pomponius nous dit que si le vent a renversé des arbres, et que ces arbres gênent l'usufruitier, celui-ci pourra agir contre le propriétaire qui négligerait de les enlever : « Si arbores vento dejectas dominus non tollat, per quod incommodior sit ususfructus, vel iter, suis actionibus usufructuario cum eo experiundum. » (D. 7. 1. *De usuf.* 19, § 1.) Ce texte est-il contraire au principe que l'usufruit ne donne pas à l'usufruitier le droit de contraindre le propriétaire à faire quelque chose? Au premier abord on pourrait le penser; il n'en est rien cependant. Si l'usufruitier peut ici contraindre le propriétaire à enlever ces arbres, c'est tout simplement parce que le propriétaire, à qui ils appartiennent, ne doit rien faire de contraire à l'exercice du droit de l'usufruitier; il doit enlever les arbres qui le gênent, absolument de la même manière que le propriétaire d'une maison voisine du fonds usufructuaire devrait enlever les matériaux de cette maison si elle s'était écroulée sur le fonds.

Elles découlent toutes de ces deux idées capitales : qu'il doit respecter la destination de la chose, et jouir de cette chose en bon père de famille.

D'abord l'usufruitier ne doit rien changer à la destination de la chose; par exemple, il ne peut pas convertir en jardin potager un jardin d'agrément, convertir en hôtellerie une maison destinée à l'habitation du propriétaire ou d'un petit nombre de locataires, changer l'emploi d'un esclave, comme faire d'un histrion un boulanger ou un garçon de bains; il ne peut pas, s'il a l'usufruit d'un terrain, construire sur ce terrain, de manière que ce qui était un champ ne soit plus que l'emplacement d'une maison (D. 7. 1. *De usuf.* 13 fr. Ulp. §§ 4, 6, 8. — 14 fr. Paul. — 15 fr. Ulp. § 1).

Mais cette obligation pour l'usufruitier de respecter la destination de la chose ne va pas jusqu'à le priver d'employer les moyens nécessaires pour arriver au meilleur mode de production et de conservation des fruits; par exemple, il pourrait évidemment ensemencer les champs de grains autres que ceux qu'avait coutume d'y semer le propriétaire; ce n'est pas changer la destination d'un terrain de rapport que chercher à lui faire produire ce qu'il rapporte le mieux; on lui permet aussi de construire des hangars pour mettre les récoltes à couvert; de même il ne lui est pas défendu, en règle générale, de louer une boutique pour un commerce autre que celui qu'y faisait le propriétaire, non plus que d'instruire dans un art, pour se servir ensuite de ses talents, un esclave dont l'instruction a été négligée (D. 7. 1. *De usuf.* 13 fr. Ulp. § 6. — 73 fr. Pomp. — 27 fr. Ulp. §§ 1 et 2).

Toutes améliorations lui demeurent également permises, pourvu qu'elles n'apportent point de changement réel à l'état des choses. S'il a l'usufruit d'une maison, il peut y faire faire des peintures, y faire poser des marbres, des statues; mais il ne pourrait faire des distributions nouvelles, ni ouvrir d'autres portes; il ne lui serait même pas permis d'achever un édifice commencé (D. 7. 1. *De usuf.* 7 fr. Ulp. § 3. — 8 fr. id. — 13 fr. id. §§ 4, 5, 7. — 44 et 61 fr. Nerat.).

En second lieu, l'usufruitier doit jouir en bon père de famille, c'est-à-dire comme un bon administrateur (D. 7.1. *De usuf.* 9 pr. fr. Ulp. — 9. *Usuf. quem ad. cav.* 1 fr. id. § 3).

Non-seulement il doit ne commettre aucune dégradation (D. 7. 1. *De usuf.* 13 fr. Ulp. § 4. — 15 fr. id. § 3), mais il doit entretenir la chose en bon état. Par exemple, il doit nourrir, vêtir les esclaves, les faire soigner s'ils sont malades (D. 7. 1. *De usuf.* 15 fr. Ulp. § 2. — 45 fr. Gaius. — 7 *De op. serv.* 4 fr. Gaius). S'agit-il d'un bâtiment, il doit faire faire les réparations d'entretien, comme celles des toits (D. 7.1. *De usuf.* 7 fr. Ulp. §§ 2 et 3. — C. 3. 33. *De usuf. et habit.* 7. const. Gordian.), et il doit faire toutes celles qui sont devenues nécessaires pendant sa jouissance, si elles le sont devenues par sa faute, sa faculté de délaissement ne pouvant l'exempter que des autres (D. 7. 1. *De usuf.* 48 fr. Paul. — 64 fr. Ulp.— 65 fr. Pomp. pr.); bien entendu, les frais occasionnés par ces réparations d'entretien demeurent définitivement à sa charge; c'est là une charge des fruits, qu'un bon administrateur a coutume d'en déduire pour savoir quel est son revenu; quant aux grosses réparations, ce n'est pas là une charge des fruits, et l'usufruitier n'est pas plus tenu de les faire que le nu-propriétaire; *a fortiori* n'est-il pas tenu davantage que le propriétaire de reconstruire ce qui est tombé de vétusté (D. 7. 1. *De usuf.* 7 fr. Ulp. § 2). S'agit-il d'une plantation, il doit donner aux arbres tous les soins qu'on est dans l'usage de leur donner, et remplacer ceux qui périssent (D. 7. 1. *De usuf.* 7 fr. Ulp. § 3. — 18 fr. Paul) (1). S'il s'agit d'un troupeau, il doit, autant que possible, le tenir au complet, en employant les petits qui naissent à combler les vides laissés par les têtes mortes (D. 7. 1. *De usuf.* 68 fr. Ulp. § 2. — 70 id. pr. — I. J. 2. 1. § 38. — Paul. Sent. 3. 6. § 20); si les petits qui naissent, lorsqu'il y a des vides dans le troupeau, ne sont pas en nombre supérieur à celui des animaux morts, ils se trouvent en quelque sorte subrogés à ces derniers, et, dès leur naissance, comme partie du

---

(1) Paul nous dit que l'usufruitier n'est pas tenu de remplacer ceux qui sont renversés par le vent (D. 7. 1. *De usuf.* 58); sans doute, parce qu'il s'agit là d'un cas de force majeure.

troupeau, ils sont la propriété du nu-propriétaire;
s'ils sont en nombre supérieur à celui des animaux
morts, jusqu'à ce que l'usufruitier ait fait son choix,
on ne sait quels petits appartiendront au nu-propriétaire; à ce point de vue, la propriété de tous est en
suspens; mais s'ils viennent à périr, la perte sera
pour l'usufruitier, qui, pouvant opérer le remplacement, a différé de faire son choix. On se demande
enfin ce qu'il faut décider lorsque naissent des petits
le troupeau étant au complet; la solution est que ces
petits appartiennent comme fruits à l'usufruitier,
qu'il n'est pas tenu de les mettre en réserve pour
combler les vides qui pourront se produire, mais que
si ensuite des vides se produisent, il aura charge de
les combler (D. 7. 1. *De usuf.* 70 fr. Ulp. §§ 1, 2, 4,
5). Ulpien, au § 3 de la même loi, a soin de faire
remarquer que cette obligation de remplacement
n'existe que pour l'usufruitier d'une universalité, et
non pour celui de plusieurs animaux considérés indi-
viduellement. Remarquons que, dans un troupeau,
ce ne sont pas seulement les bêtes mortes qui doivent
être remplacées, mais encore celles que l'âge ou
d'autres causes ont rendues inutiles (D. 7. 1. *De usuf.*
60 fr. Pomp.).

L'usufruitier supporte les impôts et ce que nous
appellerions aujourd'hui les *charges de ville* (D. 7. 1.
De usuf. 52 fr. Mod. — 27 fr. Ulp. § 3. — 33. 2.
De servit. legat. 28 fr. Paul); c'est une conséquence
toute naturelle de cette idée que celui qui prend les

fruits doit, en bon père de famille, prélever sur eux ce qui est considéré comme charge des fruits.

En outre, l'usufruitier doit veiller à ce qu'aucun empiétement ne soit commis sur la chose soumise à son droit, et empêcher toute usucapion de se produire (D. 7. 9. *Usuf. quemad. cav.* 1 fr. Ulp. § 7. — 2 fr. Paul), bien que le propriétaire ne soit pas privé des moyens de veiller lui-même sous ce rapport à sa propriété (D. 7. 8. *De usu. et habit.* 16 fr. Pomp. § 1); il faut encore que l'usufruitier ait soin de ne pas laisser périr par non-usage les servitudes dominantes qui peuvent être attachées au fonds dont il jouit (D. 7. 1. *De usuf.* 15 fr. Ulp. § 7).

Enfin, l'extinction de l'usufruit arrivée, l'usufruitier ou son représentant doivent rendre au propriétaire la chose ou ce qui en reste.

Pour s'engager à l'exécution de ces obligations, l'usufruitier est astreint par le préteur à promettre par stipulation : *usurum se boni viri arbitratu ; et, cum ususfructus ad eum pertinere desinet, restituturum quod inde exstabit* (D. 7. 9. *Usuf. quemad. cav.* 1 fr. Ulp. pr.), et en outre à fournir un fidéjusseur qui promettra pour lui (D. 7. 1. *De usuf.* 13. fr. Ulp. § 1.–C. 3. 33. *De usuf. et habit.* 4 const. Alexander).

Remarquons ces expressions : *restituturum quod inde exstabit.* «Ainsi, nous dit Ulpien, le propriétaire ne stipule pas la chose elle-même; il se ferait en effet inutilement promettre la propriété de ce qui lui appartient déjà; mais il stipule qu'on lui remettra ce

qui restera de la chose.» (D. 7. 9. Usuf. quemad. cav.
1. § 7 : « Sed quod diximus, *id, quod inde exstabit,
restitutum iri,* non ipsam rem stipulatur proprieta-
rius; inutiliter enim rem suam stipulari videretur :
sed stipulatur *restitutum iri quod inde exstabit.* »)

Souvent l'usufruitier aura à fournir caution à
plusieurs personnes; cela arrivera notamment toutes
les fois que plusieurs personnes seront appelées certainement ou éventuellement à prendre la pleine propriété lors de l'extinction de l'usufruit (D. 7. 1. *De
usuf.* 13 fr. Ulp. pr. — 5. *De usuf. ear. rer. quæ usu.*
6 fr. Julian. pr.— 9. *Usuf. quemad. cav.* 8 fr. Paul.).
Les mêmes textes nous montrent l'usufruitier obligé
aussi à donner caution à son co-usufruitier, éventuellement appelé à tout l'usufruit par le droit d'accroissement.

Ulpien nous dit que l'usufruitier et celui auquel
la pleine propriété devait faire retour agissaient sa-
gement en dressant, au début de l'usufruit, un état
des choses qui en faisaient l'objet, afin qu'il fût facile de constater, à la fin de l'usufruit, si les choses
avaient été détériorées et combien elles l'avaient été
(D. 7. 9. *Usuf. quemad. cav.* 1. § 4); mais il n'existait à cet égard aucune obligation.

On peut se demander quel intérêt il y avait pour
le propriétaire à exiger la promesse de l'usufruitier et
celle d'un fidéjusseur, à l'égard de tout fait constituant une *culpa in committendo,* ce propriétaire ayant
déjà contre l'usufruitier, aussi bien que contre tout

autre, la ressource de la loi Aquilia (D. 7. 1. *De usuf.* 66 fr. Paul) ; la réponse est simple : il est bien vrai qu'à l'égard de la *culpa in committendo* de l'usufruitier l'engagement personnel et celui du fidéjusseur exigés de lui n'étaient pas indispensables pour qu'il pût être poursuivi ; mais ils étaient loin d'être inutiles, puisqu'ils donnaient au propriétaire outre l'action dérivant de la stipulation contre l'usufruitier, la garantie du fidéjusseur.

Quant à la nécessité des engagements de l'usufruitier et du fidéjusseur, elle est évidente à l'égard de la *culpa in omittendo* ; de droit commun, nul n'est tenu d'apporter ses soins à la chose d'autrui ; l'usufruitier, en dehors de ces engagements, se fût trouvé sous le bénéfice de ce droit commun (D. 7. 1. *De usuf.* 13 fr. Ulp. § 2).

S'il arrivait que le propriétaire, en livrant la chose à l'usufruitier, eût oublié de lui faire donner caution, Ulpien nous dit qu'il avait deux moyens d'arriver à obtenir cette caution (D. 7. 9. *Usuf. quemad. cav.* 7 pr.—5. *De usuf. car. rer. quæ usu.* 5, § 1) ; voici le premier moyen : le propriétaire revendiquait la chose ; si l'usufruitier lui opposait une exception tirée de sa qualité d'usufruitier, le propriétaire pouvait répondre à cette exception par cette réplique : « La chose vous a été livrée parce que vous êtes usufruitier, et vous la détenez en cette qualité, c'est vrai ; mais votre qualité d'usufruitier vous oblige à donner caution, vous ne sauriez vous en prévaloir qu'en fournissant cette caution; » voici le second moyen proposé par Ulpien : le propriétaire pouvait *condicere stipulationem*, c'est-à-dire intenter une action personnelle contre l'usufruitier en lui tenant ce langage : « Lorsque je vous ai remis la chose sans exiger de caution, j'ai commis une erreur; je vous ai fourni plus que je ne vous devais; remettez-moi ce que vous avez reçu de trop, c'est-à-dire fournissez-moi caution. »

Il nous reste à nous demander si celui qui constitue un usufruit peut dispenser valablement l'usufruitier de donner caution. Il faut distinguer : Si l'usufruit est constitué entre vifs, très-certainement cette dispense est possible; l'intérêt personnel qu'a le propriétaire à ce que l'usufruitier [ne mésuse pas de la chose est une garantie suffisante que la dispense ne sera pas accordée légèrement; si, au contraire, l'usufruit est constitué par testament, le testateur ne peut pas dispenser l'usufruitier de donner caution, ce qui s'explique par cette considération, que le testateur, personnellement désintéressé dans la question, accorderait peut-être trop facilement la dispense, au préjudice de son héritier (C. 6. 54. *Ut in poss. legat. vel fideic.* 7. const. Alexander.)

SECTION III. — COMMENT S'ÉTABLIT L'USUFRUIT, ET COMMENT IL S'ÉTEINT.

L'usufruit s'établit de plusieurs manières :

Les modes qui servent à son établissement le produisent soit par *translatio*, soit par *deductio* ; il y a *translatio* lorsque, la propriété demeurant où elle est, l'usufruit en est séparé pour être conféré à quelqu'un; *deductio* lorsque, la propriété changeant de maître, réserve est faite de l'usufruit par celui qui se dépouille de la propriété.

Tous les modes d'établissement de l'usufruit ne sont pas indistinctement susceptibles de l'établir par *translatio* et par *deductio*. Nous ferons remarquer, sous chacun d'eux, s'il est susceptible d'établir l'usufruit à la fois par *translatio* et par *deductio*, si, au contraire, il n'est susceptible de l'établir que par l'une de ces deux voies, et nous dirons laquelle.

A un autre point de vue, on distingue les modes d'établissement de l'usufruit, suivant qu'il y a établissement entre-vifs ou établissement par acte de dernière volonté.

Parlons d'abord du mode d'établissement par acte de dernière volonté, du testament.

Le testament était, en effet, pour les servitudes personnelles en général, et en particulier pour l'usufruit, le mode d'établissement de beaucoup le plus usité; c'était aussi celui qu'on interprétait le plus favorablement ; le § 1er du titre *De usufructu*, aux Instituts nous cite comme premier exemple de constitution d'usufruit une constitution par legs ; dans les *Règles* d'Ulpien et dans les *Sentences* de Paul il n'est traité de l'usufruit qu'à l'occasion des legs ; enfin, un titre, au Digeste, est principalement consacré au legs d'usufruit (33. 2. — *Adde* : D. 7. 1. *De usuf.* 3 fr. Gaius. pr. — 6 fr. id. pr.)

Le testament peut établir l'usufruit soit par voie de *translatio*, soit par voie de *deductio* (D. 7. 1. *De usuf.* 6 fr. Gaius, pr.) ; en effet, je puis léguer à un tiers l'usufruit d'un fonds ; la propriété, dans ce cas, demeure où elle était, car elle reste à mon héritier qui est le continuateur de ma personne ; il y a alors établissement par *translatio* ; je puis, au contraire, léguer la nue-propriété d'un fonds à un tiers, en réservant l'usufruit à mon héritier ; il y a alors établissement par *deductio*.

Par testament, une troisième combinaison est possible : je puis léguer l'usufruit d'un fonds à un tiers, la nue-propriété de ce fonds à un autre tiers, et ne laisser sur lui aucun droit à mon héritier (I. J. 2. 4. *De usuf.* 1.) ; dans ce cas, l'usufruit n'est établi, à proprement parler, ni par *translatio* ni par *deductio*, puisque ni le légataire de la nue-propriété, ni le légataire de l'usufruit, n'avaient sur l'immeuble de droit antérieur à celui qui leur est conféré par le legs, et que ni l'un, ni l'autre, ne représentent le testateur.

Remarquons que si le testateur, léguant à l'un la

nuc-propriété, à l'autre l'usufruit, entendait que ce dernier eût à lui seul tout l'usufruit, il devait avoir soin, dans le legs de la nue-propriété, d'ajouter au mot *fundum*, si nous supposons qu'il s'agissait d'un fonds, ceux-ci : *deducto usufructu*; s'il ne les ajoutait pas, qu'arrivait-il? On raisonnait de la manière suivante: En léguant *fundum*, le testateur a légué le fonds tout entier, le fonds en pleine propriété; comment exécuter ce legs et exécuter en même temps celui qui dispose de l'usufruit du fonds? il n'y a qu'un moyen : c'est de faire concourir chacun des deux légataires au *jus utendi fruendi*, leur endonner à chacun moitié. — De sorte que celui des deux légataires auquel on avait légué *fundum*, en avait la nue-propriété pour la moitié et la pleine-propriété pour l'autre moitié, et que celui auquel on avait légué *usumfructum* n'avait l'usufruit que de la moitié. Les Romains eux-mêmes ne se dissimulaient pas qu'on allait vraisemblablement contre l'intention du testateur en donnant cette solution; mais, suivant eux, elle était commandée par la rigueur des termes : *quod interdum plus valet scriptura, quàm peractum sit* (D. 33. 2. *De usu et usuf.* 18 fr. Mod. — v. encore : 10 fr. Julian. — 26 fr. Papin. § 1.-7. 2 *De usuf. ade.* 0 fr. Afric.).

Dans l'ancien droit, il fallait distinguer soigneusement en quels termes l'usufruit avait été légué, s'il l'avait été *per vindicationem* ou autrement; dans le premier cas l'usufruit était établi comme droit réel au profit du légataire; dans le second, ce légataire n'avait qu'une créance contre l'héritier, auquel il devait s'adresser pour obtenir l'établissement du droit réel (Paul. Sent. 3. 6. 17.); sous Justinien, ces différences entre les diverses sortes de legs ont disparu, et, en quelques termes que le legs ait été fait, il transfère l'usufruit comme droit réel (l. J. 2. 20. § 2).

Le legs d'usufruit offre certaines particularités importantes que nous devons signaler ici; ce que nous avons à dire est relatif au *dies cedit* et au droit d'accroissement.

Expliquons-nous d'abord sur ce que le legs d'usufruit offre de remarquable relativement au *dies cedit*.

Dans les legs ordinaires on distingue deux époques, celle du *dies cedit* et celle du *dies venit*; *dies cedit*, c'est l'époque où le droit éventuel est fixé au profit du légataire, et généralement cela a lieu au moment même de la mort du *de cujus; dies venit*, c'est l'époque où le legs devient exigible, généralement celle de l'adition d'hérédité. Dans le legs d'usufruit on ne sépare pas le *dies cedit* et le *dies venit;* le *dies cedit* se confond avec le *dies venit*. Pourquoi cela? Parce que, dit Ulpien, il n'y a d'usufruit possible que lorsque quelqu'un peut jouir, et que c'est seulement à l'adition d'hérédité qu'il en est ainsi: « Dies autem ususfructus, item usus, non priùs cedet, quam hæreditas adeatur. Tunc enim constituitur ususfructus, cum quis jam frui potest. » (D. 7. 3.

quando dies ususf. 1. § 2) (1). Labéon, il est vrai, avait pensé que le *dies cedit* devait avoir lieu, pour le legs d'usufruit, à la même époque que pour les autres legs; mais son opinion n'avait pas prévalu (Vat. fr. § 60).

L'effet principal du *dies cedit* étant de rendre le droit transmissible aux héritiers, et l'usufruit étant un droit personnel absolument intransmissible, il n'y avait pas, à ce point de vue, d'intérêt à faire précéder le *dies venit* du legs d'usufruit d'un *dies cedit*. C'est cette considération qui paraît avoir motivé la différence faite ici par les jurisconsultes romains

(1) Ulpien, en parlant de l'adition, suppose que l'usufruit n'est légué ni à terme, ni sous condition, auquel cas ce ne serait plus à l'adition, mais à l'arrivée du terme ou de la condition qu'auraient lieu ensemble le *dies cedit* et le *dies venit*. (D. 7. 3. *quando dies ususf.* 1. § 3.)

Au § 4 du même fragment, Ulpien nous signale, d'après Scævola, une conséquence intéressante de ce principe que pour un legs d'usufruit il n'y a pas de *dies cedit* avant le *dies venit*: si le légataire d'usufruit agit avant le *dies venit*, il ne commet pas de plus-pétition, parce que celui qui demande, n'ayant droit à rien, demande ce qui ne lui est pas dû, mais ne demande pas plus qu'il ne lui est dû; on sait qu'il en serait autrement d'un légataire ordinaire qui agirait dans l'intervalle séparant le *dies cedit* du *dies venit*; pour lui le *dies cedit* ayant fixé le droit, en agissant avant son exigibilité il commettrait une plus-pétition *tempore*.

Remarquons encore que du même principe résulterait la faculté de léguer valablement un usufruit à un esclave appartenant à une hérédité jacente, tandis que de cet autre principe qu'il n'y avait d'usufruit possible que lorsque quelqu'un pouvait jouir, résultait l'impossibilité de toute acquisition par acte entre-vifs d'un usufruit, ou même seulement d'une créance d'usufruit, par un pareil esclave. (D. 7. 3. *Quando dies ususf.* 1 fr. Ulp. § 2. — 4. *Quib. mod. ususf.* 18 fr. Pomp. — 41. 1. *De adq. rer. dom.* 61 fr. Hermog. § 1. — 45. 3. *De stip. serv.* 26 fr. Paul. — 36. 2. *Quando dies legat.* 16 fr. Julian. §§ 1 et 2.)

entre le legs d'usufruit et les legs ordinaires. (D. 36. 2. *Quando dies legat.* §§ 2, 3 et 9. fr. Ulp.).

Ce qui avait arrêté Labéon était sans doute que la modification apportée pour le legs d'usufruit à la règle ordinaire du *dies cedit* n'était pas indifférente à certains autres points de vue. Le *dies cedit* n'avait pas seulement pour effet, dans les legs, de rendre le droit transmissible; il avait encore de l'influence sur la détermination de la personne à qui le legs serait acquis et des choses qui devaient le composer. Il avait de l'influence sur la détermination de la personne, disons-nous; en effet, si nous supposons un legs de propriété fait à un fils de famille ou à un esclave, c'était au profit du chef ou du maître existant à l'époque du *dies cedit* que le droit se fixait; si donc, postérieurement au *dies cedit* et avant le *dies venit*, c'est-à-dire entre l'époque de la mort du testateur et celle de l'adition, le fils ou l'esclave changeaient de puissance, ce changement était indifférent; voyons maintenant quel était, pour un legs d'usufruit, le résultat du retard du *dies cedit* jusqu'au *dies venit*: un legs d'usufruit est fait à un esclave ou à un fils de famille; si entre la mort du testateur et l'adition, cet esclave ou ce fils de famille changent de puissance, ils transportent le bénéfice du legs sur la tête d'un nouveau maître ou d'un nouveau chef de famille auquel le testateur n'a probablement pas songé; s'ils deviennent *sui juris*, c'est à eux que ce bénéfice appartient. En second lieu, le *dies cedit* avait de l'influence sur la détermination des choses devant composer le legs; c'était en effet la chose, telle qu'elle se trouvait au *dies cedit*, qui en faisait l'objet, et sur laquelle se fixait le droit du légataire.

Cette règle particulière sur le *dies cedit* du legs d'usufruit avait donné lieu à une pratique remarquable, à celle du legs d'usufruit *in singulos annos, vel menses, vel dies.* Ce n'était pas là un legs unique; c'étaient autant de petits legs qu'il y aurait d'années, de mois, de jours dans la vie de l'usufruitier (D. 7. 3, *Quando dies ususf.* 1 fr. Ulp. pr.). Ce genre de legs avait pour but d'empêcher la perte de l'usufruit entier par la petite diminution de tête ou par le non-usage; ces modes d'extinction avaient ceci de particulier qu'ils n'éteignaient que l'usufruit dont le droit avait été déjà acquis (D. 7. 4. *Quib. mod. ususf.* 1 fr. Ulp., § 1); on fractionnait donc le legs d'usufruit en autant de petits legs, ayant chacun son *dies cedit* et son *dies venit*, qu'il y aurait d'années, par exemple, dans la vie du testateur; le *dies cedit*, qui faisait acquérir le droit à chaque legs, se confondant avec le *dies venit*, qui, pour chacun, se plaçait au commencement de chaque nouvelle période annuelle, la petite diminution de tête de l'usufruitier ne pouvait le priver que de la portion d'usufruit restant à courir pendant la période annuelle commencée (D. 7. 4. *Quib. mod. ususf.* 1 fr. Ulp. § 3); quant au non-usage, si nous supposons toujours un usufruit légué *in annos singulos*, il est clair qu'il n'y avait pas de déchéance possible par non-usage, s'agit-il même de meubles, puisque l'usufruit des meubles ne se perdait par non-usage qu'au bout d'un an ; l'usufruitier qui serait demeuré pendant toute une période annuelle sans user de son droit, l'aurait vu immédiatement ravivé par l'effet d'un nouveau legs. Non-seulement on pouvait léguer l'usufruit *in singulos annos, vel menses, vel dies;* mais on pouvait encore le léguer de telle sorte qu'un nouvel usufruit se substituât de suite à celui qui se trouverait perdu ; Ulpien ajoute qu'on considérait comme légué ainsi l'usufruit légué à quelqu'un *quamdiù vivat;* autrement, en effet, ces mots auraient été surabondants (D. 7. 4. *Quib. mod. ususf.* 3 fr. Ulp. pr.). Le legs d'usufruit *alternis annis* était aussi considéré comme composé de plusieurs legs ; d'où ces conséquences que la petite diminution de tête de l'usufruitier, arrivant pendant l'année où il ne jouissait pas, ne le privait de rien ; qu'elle ne le privait que d'une partie de la jouissance d'une année, si elle arrivait pendant une année de jouissance ; et que la déchéance par non-usage était absolument inapplicable à un usufruit ainsi légué (D. 7. 4. *Quib. mod. ususf.* 28 fr. Paul. — 33. 2. *De usu et usuf.* 13 fr. Paul.)

Voyons maintenant ce que l'usufruit établi par legs offre de remarquable relativement au droit d'accroissement.

Supposons qu'un testateur ait légué l'usufruit d'un

fonds à Primus et à Secundus, ou l'usufruit d'un fonds à Primus et l'usufruit du même fonds à Secundus, les deux légataires étant ainsi conjoints *re et verbis* dans le premier cas, *re tantum* dans le second (D. 7. 2. *De usuf. adc.* 1 fr. Ulp. pr. — 4. *Quib. mod. ususf.* 2 pr. fr. Papin.); le testateur étant mort, et l'usufruit ayant été partagé entre Primus et Secundus, si, après ce partage et un temps de jouissance plus ou moins long, l'un d'eux vient à mourir, sa part d'usufruit ne retourne pas à la nue-propriété; elle va se joindre, par droit d'accroissement, à la part d'usufruit de l'autre légataire; l'accroissement se produit donc ici, contrairement à ce qui a lieu dans les legs ordinaires, même après que le droit a été acquis et exercé. Un titre entier, au Digeste (7. 2), est consacré à l'accroissement en matière d'usufruit; la raison de la particularité que nous venons de signaler y est donnée par Ulpien, d'après Celse et Julien, en ces termes : « ... *ususfructus quotidie constituitur et legatur : non, ut proprietas, eo solo tempore, quo vindicatur. Cum primum itaque non inveniet alter eum, qui sibi concurrat, solus utetur in totum. Nec refert, conjunctim, an separatim relinquatur* » (1, § 3) : ce n'est pas très-clair; un autre texte d'Ulpien fait un peu mieux comprendre sa pensée; c'est le *principium* de la première loi du titre suivant (*Quando dies ususf.*) : « Quanquam *ususfructus ex fruendo consistat, id est, facto aliquo ejus, qui fruitur et utitur,* tamen semel cedit dies... ».

Alors même que l'usufruit n'est pas légué *in singulos annos, vel menses, vel dies*, qu'il n'y a qu'un seul legs et par conséquent qu'un *dies cedit*, cependant la nature du droit le fait considérer comme devant puiser à chaque moment une force nouvelle dans la disposition du testateur; il n'y a plus, comme dans le legs de propriété, un effet produit une fois pour toutes dès que le droit a été acquis. Peut-être bien y a-t-il là quelque subtilité, et le soin que prend Ulpien de constater l'unanimité des auteurs à propos de cet accroissement particulier aux legs d'usufruit semble indiquer qu'il n'avait pas tout d'abord été admis sans controverses (D. 7. 2. *De usuf. adc.* 1 § 3).

Cette particularité n'était pas la seule qu'offrît le droit d'accroissement en matière d'usufruit; il y en avait une autre dont on rend compte en disant que *la part n'accroissait pas à la part, mais à la personne :* « ususfructus non portioni, sed homini adcrescit. » (D 44. 2. *De except. rei jud.* 14 fr. Paul. § 1). Qu'est-ce à dire? Un exemple va le faire comprendre : Supposons deux légataires conjoints; l'un d'eux n'obtient pas ou perd sa part d'usufruit; plus tard l'autre perd la sienne; cette dernière part perdue ne fait pas retour à la nue-propriété; elle appartient, par droit d'accroissement, au premier légataire. Il n'en était pas de même en matière de propriété, où l'accroissement avait lieu, non pas au profit de la personne, mais au profit de la part, *portio fundi, velut alluvio, portioni...* (D. 7. 1. *De usuf.* 33 fr.

Papin. § 1. — 2. *De usuf. adc.* 10 fr. Ulp. — 41. 2. *De except. rei jud.* 14 fr. Paul. § 1). La différence ne nous semble pouvoir être expliquée que par la personnalité du droit d'usufruit.

Passons à l'examen des modes d'établissement de l'usufruit entre-vifs.

Voici l'énumération des moyens qui, concurremment ou à diverses époques, purent servir à cet établissement : La cession *in jure*, la mancipation, les pactes et stipulations, la tradition, l'adjudication, l'usage, la loi.

La cession *in jure*, au temps des jurisconsultes, était le mode usuel d'établissement de l'usufruit entre-vifs.

Par ce moyen, l'usufruit pouvait être établi soit par voie de translation, soit par voie de déduction : il était établi par voie de translation si, un plein-propriétaire étant d'accord avec un tiers pour constituer au profit de ce tiers un droit d'usufruit, tous deux se présentaient devant le magistrat, et le tiers réclamant l'usufruit comme lui appartenant, le propriétaire ne contredisait pas ; par voie de déduction, si, un plein-propriétaire étant d'accord avec un tiers pour lui céder la nue-propriété en se réservant l'usufruit, et le tiers réclamant la propriété *deducto usufructu*, le propriétaire ne contredisait pas (Gaius, 2. § 30. — Vat. frag. § 47).

Sous Justinien, l'*in jure cessio* a complétement disparu.

La mancipation pouvait aussi servir à l'établissement de l'usufruit.

Elle ne pouvait pas l'établir par voie de translation,
parce que l'usufruit n'étant pas une chose *mancipi*,
n'était pas susceptible de ce mode d'aliénation ;
mais, à la suite d'une mancipation , l'usufruit
se trouvait établi par voie de déduction, si un plein-
propriétaire, voulant aliéner la nue-propriété en se
réservant l'usufruit, avait mancipé la propriété
deducto usufructu (Gaius. 2, § 33. — Vat. frag.
§ 47).

Au moyen de deux mancipations on pouvait obtenir, sinon un usufruit établi par voie de translation,
du moins l'équivalent, et éviter ainsi d'aller devant
le magistrat pour y opérer une *cessio in jure* ; ce résultat se produisait de la manière suivante : un plein-
propriétaire mancipait sa pleine-propriété à celui au
profit duquel il voulait constituer un usufruit, et
celui-ci la lui remancipait *deducto usufructu* (V. Vat.
frag. § 51).

Sous Justinien, il n'est pas plus question de mancipation que d'*in jure cessio*.

Examinons maintenant le moyen appelé *pactes et
stipulations* (D. 7. 1. *De usuf.* 3 fr. Gaius, pr.).

Ce fut d'abord un expédient imaginé pour les
fonds provinciaux ; dans les provinces, le sol appartenant au peuple ou à César, il n'y avait pas, au profit des particuliers, de véritable propriété possible,
ni, par conséquent, de démembrement de la pro-

priété; on n'y pouvait donc constituer d'usufruit ni par cession *in jure*, ni par mancipation « quia ne ipsa quidem prædia mancipationem aut in jure cessionem recipiunt » (Gaius. 2. § 31); pour y suppléer, on imagina les pactes et stipulations. Qu'était-ce? Celui qui voulait grever un fonds d'un *jus utendi fruendi* et celui au profit duquel il s'agissait d'établir le béné-fice de ce droit, convenaient entre eux du fait et de ses conditions; puis, pour donner une force obliga-toire à ce pacte, qui n'en aurait pas eu par lui-même, une stipulation intervenait, par laquelle le posses-seur du fonds s'engageait à ne pas gêner dans sa jouissance celui qui devait jouir de ce fonds. Il paraît qu'il était d'usage d'ajouter à cette stipulation une clause pénale pour le cas où l'engagement ne serait pas exécuté (Théoph. *Paraph.* liv. 2. tit. 3. § 4) (1); si cette clause pénale n'avait pas été ajoutée, il fallait, en cas d'inexécution, recourir au juge pour la déter-mination de l'indemnité.

Le pacte et la stipulation n'avaient pas pour effet la constitution d'un droit réel d'usufruit; ils ne don-

(1) Voici la traduction donnée par Fabrot du passage de Théo-phile : « Quod si quis vicino servitutem velit constituere, pac-tionibus *atque* stipulationibus id efficere potest. Nam ubi conve-nerit de servitute constituendà, stipulatur is, qui ex constitutione eam accepturus est : Spondes te permissurum, ut utar constituta servitute, et si non permiseris, spondes dare mihi pœnam nomine aureos centum ?... Sic itaque constituitur servitus pactis *et* sti-pulationibus.... »

Le mot grec que Fabrot traduit par *atque* et *et* est la con-jonction καί; on ne peut donc pas considérer le pacte et la sti-pulation comme constituant chacun un mode distinct.

naient naissance qu'à une créance; de sorte que si le fonds était aliéné, l'acquéreur n'était pas tenu de subir la jouissance de celui qui ne pouvait invoquer autre chose qu'un pacte et une stipulation (1).

Sur ce point, il est vrai, il y a controverse; on a prétendu que le pacte et la stipulation par eux-mêmes constituaient un droit réel d'usufruit. A l'appui de cette opinion, on a fait remarquer que Gaius et les Instituts de Justinien se servaient de l'expression *constituere* (Gaius. 2. § 31. — I. J. 2. 4, § 1), laquelle, a-t-on dit, ne saurait s'entendre que d'un établissement comme droit réel. — A cet argument il est facile de répondre; l'expression *constituere* n'est pas seulement employée lorsqu'il s'agit de l'établissement d'un droit réel; la preuve nous en est donnée par Gaius lui-même qui l'emploie, au *principium* de la loi 3 du titre *De usufructu* (D. 7. 1), alors qu'il s'agit d'un usufruit légué *per damnationem*, par conséquent d'une simple créance d'usufruit, le legs *per damnationem* ne pouvant, du temps de Gaius, produire un droit réel : « ..... potest *constitui* ususfructus, ut heres jubeatur dare alicui usumfructum. » — On a invoqué encore le § 4

<hr>

(1) On comprend, qu'en pratique, le vendeur, lié par la stipulation, devait avoir soin de ne vendre qu'à charge pour l'acquéreur de laisser jouir celui vis-à-vis de qui il s'était engagé.

Remarquons aussi que si le pacte et la stipulation avaient été suivis de quasi-tradition, le droit d'user et de jouir du stipulant, ainsi que nous le verrons ci-dessous, aurait été protégé contre le tiers-acquéreur par le préteur.

de la loi 27 du même titre; Ulpien nous dit que si le fonds sur lequel vient à frapper un droit d'usufruit est grevé de quelque servitude, l'usufruitier sera tenu de respecter cette servitude : « Si qua servitus imposita est fundo, necesse habebit fructuarius sustinere; » puis il ajoute : « Unde et si per stipulationem servitus debeatur, idem puto dicendum. » — Nous ne croyons pas qu'on doive conclure de cette dernière phrase que, dans l'opinion d'Ulpien, une stipulation pût établir une servitude comme droit réel : nous sommes frappé du mot *debeatur*, qui forme contraste avec ceux-ci de la première phrase : *imposita est fundo*, et qui paraît avoir été employé à dessein par Ulpien pour bien faire sentir que dans sa pensée il ne s'agissait que d'une créance. — Mais alors, pourquoi donc veut-il que l'usufruitier soit tenu de subir la servitude ? — Il nous en donne la raison au paragraphe suivant de la même loi (§ 5) : « Alioquin non boni viri arbitratu utitur et fruitur. » Ce serait, en effet, pour l'usufruitier, ne pas vouloir jouir en bon père de famille que prétendre jouir autrement que n'aurait pu faire celui dont il tient son droit. Loin donc que cette loi puisse être utilement invoquée par l'opinion adverse, il nous semble qu'elle pourrait bien plutôt fournir un argument *a contrario* à celle que nous soutenons. Enfin, il est de principe, en droit romain, qu'un pacte ne peut pas établir un droit réel; il est vrai que le pacte suffit à établir un

droit réel d'hypothèque ; mais c'est là une institution
prétorienne ; si donc ce n'est pas par le pacte qu'est
établi un droit réel d'usufruit, ce n'est certainement
pas davantage par la stipulation.

Sous Justinien, la cession *in jure* et la mancipation
ayant disparu, le moyen des pactes et stipulations,
qui, vraisemblablement, s'était déjà étendu, à cause
de sa commodité, des fonds provinciaux aux fonds
italiques, est usité dans tout l'empire, et à ce point
que certains textes pourraient faire croire, mais à
tort, qu'il était le seul offert à la convention des parties. (I. J. 2. 4. 1. — D. 7. 1. *De usuf.* 3 fr. Gaius,
pr.)

Rien d'ailleurs n'indique que sous Justinien plus
qu'avant, ce moyen ait pu établir un droit réel.

En résumé donc, les pactes et stipulations ne sont
pas un mode d'établissement du véritable usufruit ;
mais ils servent à en produire une sorte d'équivalent.

Il est clair que cet équivalent peut être ainsi établi
soit par voie de translation, soit par voie de déduction, si tant est que ces expressions puissent être employées lorsqu'il ne s'agit pas du droit réel d'usufruit ;
un propriétaire peut, en effet, s'engager à laisser quelqu'un user et jouir d'un fonds dont il garde la propriété, ou bien, aliénant le fonds, stipuler à son profit le droit d'user et de jouir.

La nature incorporelle de l'usufruit s'opposait, dans
l'ancien droit, à ce qu'il pût être transféré par tradition (Gaius. 2. § 28. — D. 41. *De adq. rer. dom.*

43 fr. Gaius. § 1); et il en était ainsi, alors même qu'il s'agissait d'une chose *nec mancipi*, dont la propriété aurait pu être aliénée par ce moyen.

Il ne pouvait pas davantage, à la suite d'une tradition, se trouver établi par voie de déduction ; la raison nous en est donnée par les fragments du Vatican, en ces termes : « Civili enim actione constitui potest, non traditione, quæ juris gentium est. » (§ 47.)

Mais le droit prétorien admit que l'usufruit pourrait être transféré par quasi-tradition, et réservé lors de la tradition d'une chose *nec mancipi*.

Bien entendu, l'usufruit ainsi établi n'avait qu'une existence prétorienne et n'était protégé que par des moyens prétoriens (Vat. frag. § 61. — D. 6. 2, *de pub. in rem*. 11. fr. Ulp. § 1. — 7. 4. *Quib. mod. ususf*. 1 fr. id. pr.— 8. 3. *De servit. præd. rust*. 1 fr. id. § 2).

Il paraît probable que l'établissement de l'usufruit par quasi-tradition fut d'abord surtout usité sur les fonds provinciaux (Vat. frag. § 61), où c'était le seul moyen de l'établir comme droit réel, autant du moins qu'un pareil droit pouvait exister sur le sol des provinces, c'est-à-dire *tuitione prætoris* (D. 7. 4. *Quib. mod. ususf*. 1 fr. Ulp. pr.).

Sous Justinien, la distinction entre le droit civil et le droit prétorien étant effacée, la quasi-tradition ou la rétention dans une tradition constituent l'usufruit comme véritable droit réel.

Passons à un autre mode d'établissement, à l'*adju-*

dicatio. Co moyen peut servir à l'établissement do l'usufruit dans les deux actions *familiæ erciscundæ et communi dividundo ;* là, en effet, le juge peut créer un droit réel : « Constituitur adhuc ususfructus, nous dit Gaius, et in judicio familiæ erciscundæ, et communi dividundo, si judex alii proprietatem adjudicaverit, alii usumfructum. » (D. 7. 1. *De usuf.* 6 fr. Gaius. § 1). Jadis l'usufruit ne pouvait être ainsi valablement créé que dans un *judicium legitimum* (Vat. frag. § 47), c'est-à-dire un procès débattu entre plaideurs citoyens romains, avec un seul *judex*, à Rome même, ou dans l'espace d'un mille autour de Rome (Gaius. 4. § 104); la raison de cette exigence était que pour établir l'usufruit, il fallait un mode du droit civil.

Le juge, attribuant à l'un des copartageants la nue-propriété d'un fonds, à l'autre l'usufruit du même fonds, n'avait pas, comme un testateur, besoin de dire, pour éviter que l'usufruit ne fût partagé entre les deux : fundum *deducto usufructu* (D. 10. 2. *Fam. erc.* 16 fr. Ulp. § 1). La raison de cette différence était que, l'adjudication ayant précisément pour but de faire cesser l'indivision, il eût été par trop absurde de supposer que le juge eût voulu en créer une nouvelle.

L'usufruit constitué par *adjudicatio* ne se trouvait, à proprement parler, établi ni par *translatio* ni par *deductio*, ou, si l'on aime mieux, il y avait à la fois *translatio* et *deductio*.

Nous avons cité comme moyen d'établissement de l'usufruit l'usage. Paul nous dit (D. 41. 3. *De usurp. et usuc.* 4. § 29) : « ... Eam usucapionem sustulit lex Scribonia, quæ servitutem constituebat... »; d'où il semblerait résulter qu'avant cette loi, dont la date n'est pas connue, mais qui est certainement antérieure à l'époque des jurisconsultes, l'usucapion pouvait conduire à l'acquisition d'une servitude, malgré cette idée romaine que la possession des choses incorporelles était impossible. Quoi qu'il en soit, les jurisconsultes nous disent que l'usage prolongé pendant le temps de l'usucapion (D. 41. 3. *De usurp. et usuc.* 44 fr. Papin. ou Marcian. § 5) ou même pendant un temps immémorial (Ibid., 10 fr. Ulp. § 1), ne pouvait faire acquérir l'usufruit. Mais Justinien, à la fin de la constitution 12 (C. 7, 33. *De præscript. longi temp.*), paraît avoir introduit l'acquisition de l'usufruit par dix ans d'usage entre présents et vingt ans entre absents ; nous disons *paraît*, car il est vraiment extraordinaire qu'une aussi grave innovation que celle de la *præscriptio longi temporis* appliquée à l'acquisition de l'usufruit et des autres servitudes n'ait pas semblé à Justinien, habitué à développer sa pensée, nécessiter plus de mots que cette simple phrase : « Eodem observando, et si res non soli sint, sed incorporales, quæ in jure consistunt, veluti ususfructus et cæteræ servitutes. » Aussi, certaines personnes pensent-elles que cette phrase doit être considérée comme n'ayant

trait qu'à l'extinction de l'usufruit et des autres servitudes par dix ou vingt ans de non-usage.

Le dernier mode d'établissement entre-vifs de l'u-
sufruit est la loi ; à partir de Constantin, le père de
famille n'eut plus que l'usufruit des biens provenant
aux fils de la succession de leur mère, soit par testament soit *ab intestat* (C. 6. 60. *De bonis maternis.*
const. 1); ce fut là ce qu'on a nommé le pécule *ad-
ventice* ; une constitution d'Arcadius et Honorius y
ajouta tout ce qui provenait aux fils, soit par succession, soit par libéralité, de tous autres ascendants de
la ligne maternelle (ibid. const. 2); une constitution
de Théodose et Valentinien, ce qui provenait d'un
époux à l'autre (C. 6. 61. *De bonis, quæ liber.* const.
1); enfin, Justinien fit rentrer dans ce pécule tout
ce qui provenait aux fils d'une cause quelconque,
sauf de la chose du père (C. ibid. const. 6 pr. — I,
J. 2. 9, *Per quas person.* § 1). L'usufruit du père était
réduit à moitié en cas d'émancipation du fils (C. ibid.
§ 3. — I. ibid. § 2) (1).

Remarquons qu'un usufruit établi par l'usage ou
par la Loi ne saurait être considéré que comme établi par *translatio*, si on voulait le classer au point de
vue de la *translatio* et de la *deductio*.

L'usufruit pouvait être établi purement ou simplement ; mais il pouvait aussi l'être avec une modalité,

____

(1) Le père de famille n'avait pas de caution à donner, *paternâ
reverentiâ eum excusante* (C. 6. 61. *De bonis quæ lib.* 8 const. Justinian. § 4.)

un terme ou une condition ; un terme à partir duquel seulement l'usufruit commencerait (D. 7. 1. *De usuf.* 4 fr. Paul), ou jusqu'auquel seulement il durerait (D. 7. 3. *Quando dies ususf.* 1 fr. Ulp. § 3); une condition sous laquelle seulement il naîtrait, ou une condition, laquelle venant à s'accomplir, il s'éteindrait (D. 33. 2. *De usu et usuf.* 20 fr. id.) ; la nature de l'usufruit ne s'y opposait nullement (D. 7. 1. *De usuf.* 4 fr. Paul.). Mais restait à savoir si le mode d'établissement qu'on employait se prêtait à l'établissement de l'usufruit avec la modalité qu'on avait en vue ; c'était là, entre les jurisconsultes romains, l'objet de controverses dont témoignent les §§ 48, 49 et 50 des Fragments du Vatican.

Nous en avons fini avec ce qui concerne l'établissement de l'usufruit. Voyons maintenant ce qui concerne son extinction.

Les modes d'extinction de l'usufruit sont de diverse nature ; les uns sont des modes d'extinction normale, les autres des modes d'extinction accidentelle ; dans le premier cas, on dit que l'usufruit *finitur*; dans le second, que l'usufruit *amittitur*; ces expressions appartiennent à Paul (V. Sent. liv. iii. tit. 6. §§ 28 et 33). Divisons, comme lui, les modes d'extinction de l'usufruit en modes d'extinction normale et en modes d'extinction accidentelle ; mais hâtons-nous de faire remarquer qu'il n'y a aucune importance pratique à distinguer si l'usufruit *finitur* ou *amittitur*.

Examinons d'abord les modes d'extinction normale. Il n'y en a que deux : la mort de l'usufruitier et l'arrivée du terme ou de la condition (Paul. Sent. ibid. § 33).

Sur la mort de l'usufruitier nous n'avons pas d'observation à faire ; il est clair que l'usufruit, étant un droit essentiellement attaché à la personne, doit s'éteindre avec elle .(D. 7. 4. *Quib. mod. ususf.* 3 fr. Ulp. § 3). Remarquons seulement que pour la durée de l'usufruit constitué au profit d'une personne morale, laquelle périt difficilement, on avait dû adopter une limite, afin que les principaux avantages de la propriété n'en fussent pas éternellement séparés; cette limite, que notre législation fixe à trente ans, moyenne de la vie humaine, avait été fixée par la législation romaine au *maximum* de cette vie, cent ans. Tout usufruit constitué au profit d'une personne morale s'éteignait donc cent ans après sa constitution (D. 7. 1. *De usuf.* 56 fr. Gaius. — 33. 2. *De usu et ususf.* 8 fr. id.).

Le second mode d'extinction normale de l'usufruit, l'arrivée du terme ou de la condition, n'est, bien entendu, applicable qu'aux usufruits constitués pour ne durer que jusqu'à une certaine époque ou jusqu'à l'événement d'une condition.

Il est clair que l'apposition d'un terme ou d'une condition n'empêchait pas l'usufruit de s'éteindre avant l'arrivée du terme ou de la condition (1). Elle

(1) V. cependant : D. 7. 4. *Quib. mod. ususf.* 3 fr. Ulp. pr. *in fine.*

ne pouvait avoir pour résultat que d'en abréger la durée (C. 3. 33. *De usuf. et habit.* 12, const. Justinian.)

Mais, en droit romain, comme dans notre droit, l'usufruit accordé jusqu'à ce qu'un tiers eût atteint un âge fixé durait, encore bien que le tiers fût mort avant d'avoir atteint cet âge, jusqu'à l'époque où il l'aurait atteint s'il eût vécu ; on considérait que la personne du tiers n'avait été envisagée qu'accessoirement, et qu'on avait eu principalement en vue le laps de temps : « Neque enim ad vitam hominis respexit, sed ad certa curricula. » (Ibid.)

Passons à l'examen des modes d'extinction accidentelle ; voici leur énumération ; l'usufruit *amittitur* par : la *capitis deminutio* de l'usufruitier, l'extinction de la chose soumise à l'usufruit, la cession de l'usufruit faite par l'usufruitier au nu-propriétaire, la cession de la nue-propriété faite par le nu-propriétaire à l'usufruitier, ou consolidation, et le non-usage.

La *capitis deminutio*, jadis, quelle qu'elle fût, *maxima*, *media* ou *minima*, produisait extinction de l'usufruit ; ainsi, lorsqu'un chef de famille se donnait en abrogation, l'usufruit qui lui appartenait s'éteignait, parce que cet usufruit était attaché à sa personne, et que sa personne était éteinte et absorbée dans une autre. Justinien abrogea l'ancienne législation sur ce point, et décida que désormais la grande et la moyenne diminutions de têtes seules éteindraient l'usufruit (C. 3. 33. *De usuf. et habit.* 16, § 2. — 1. 2. 4. § 3.)

L'extinction de la chose soumise à l'usufruit entraîne forcément extinction de l'usufruit. Ce n'est pas seulement l'extinction proprement dite de la chose elle-même qui éteint l'usufruit, c'est aussi la disparition de ce qui fait la *substantia* de cette chose (C. ibid.), c'est-à-dire du caractère essentiel de sa manière d'être; aussi Paul a-t-il pu appeler le mode d'extinction qui nous occupe : *Rei mutatio* (*Sent.* liv. 3, tit. 6. §§ 28 et 31.)

Ainsi, l'usufruit frappant sur une maison s'éteint si la maison vient à s'écrouler, et ne subsiste ni sur le sol ni sur les matériaux (D. 7. 4. *quib. mod. ususf.* 5 *fr.* Ulp. § 2. — I. J. 2. 4. *De usuf.* § 3.) Il ne renaîtrait pas sur la maison reconstruite parce que ce ne serait plus le même objet (Paul. *Sent.* 3. 6. § 31.)

Remarquons sur cet exemple que, pour qu'il en soit ainsi, il faut supposer une maison formant l'objet même de l'usufruit, et ne formant point seulement une partie ou un accessoire de cet objet; s'il s'agissait, en effet, d'un bâtiment construit sur un fonds rural, la chute de ce bâtiment n'entraînerait pas plus que la chute d'un arbre, extinction de l'usufruit (D. 7. 4. *quib. mod. ususf.* 8 fr. Ulp.) et l'usufruitier jouirait de l'emplacement (ibid. 9 fr. Paul.); si le bâtiment était reconstruit, il en jouirait absolument comme d'un arbre nouveau remplaçant un arbre mort.

Citons encore comme exemple d'extinction *rei mutatione*, celle de l'usufruit d'un troupeau réduit par la mortalité à ne pouvoir plus être considéré comme troupeau (D. 7. 4, *Quib. mod. ususf.* 31 fr. Pomp) et celle de l'usufruit d'un quadrige, à la mort d'un des chevaux qui le composent (Ibid. 10 fr. Ulp. § 8).

La cession que l'usufruitier fait de son droit au nu-propriétaire, réunissant à la propriété les deux éléments, *uti* et *frui*, qui s'en trouvaient séparés, éteint nécessairement l'usufruit. Jadis cela se faisait par la *cessio in jure* (Paul. *Sent.*, liv. 3, tit. 6. § 32), — Gaius. 2. § 30), qui devait être employée sous forme d'action négatoire, le nu-propriétaire niant le droit d'usufruit de son adversaire, et celui-ci ne contredisant pas. Quant à cette idée, prêtée à Pomponius, que la *cessio* faite par l'usufruitier à un tiers aurait éteint l'usufruit, nous l'avons déjà repoussé, et nous avons dit qu'une telle *cessio* ne produisait aucun effet. Sous Justinien, la *cessio in jure* n'existant plus, lorsqu'un usufruitier voulait se dépouiller de son droit en faveur du nu-propriétaire, il le faisait par une simple renonciation.

En sens inverse, l'usufruit s'éteint nécessairement aussi lorsque l'usufruitier acquiert la nue-propriété; on a appelé cette opération *consolidatio* (I. J. 2. 4, *De usuf.* 3); l'usufruitier, ainsi devenu plein propriétaire, puisera désormais dans sa pleine propriété les droits d'user et de jouir qui n'en seront plus séparés (D. 7. 4, *Quib. mod. ususf.* 27 fr. Paul. — 0, *Usuf. quemad. cav.* 4 fr. Venul.). Remarquons que, pour éteindre l'usufruit, il ne suffit pas d'une acquisition apparente de la nue-propriété (D. 7. 1, *De usuf.* 57 fr. Papin. pr.); il faut une acquisition réelle; mais dès qu'il y a réunion véritable de la nue-propriété à l'usufruit, celui-ci est éteint, quelles que soient les circonstances (Voy. une application rigoureuse de ce principe : D. 7. 4, *Quib. mod. ususf.* 17 fr. Julian.)

Nous arrivons à l'extinction de l'usufruit par le non-usage, *non utendo.*

Dans l'ancien droit, l'usufruit frappant sur un immeuble s'éteignait par deux années de non-usage, et celui frappant sur un meuble, par une année seulement (Paul. *Sent.* liv. 3, tit. 6. § 30). Justinien augmenta ces délais; il décida que le non-usage n'éteindrait l'usufruit que s'il se prolongeait pendant trois années, lorsqu'il s'agirait de meubles, et dix ans entre présents ou vingt ans entre absents, lorsqu'il s'agirait d'immeubles (C. 3. 33, *De usuf. et habit.*, const. 16. § 1).

Ce changement est-il le seul apporté par Justinien dans cette matière ? On a soutenu le contraire, on a prétendu que Justinien avait exigé, pour qu'il y eût extinction de l'usufruit, non-seulement le défaut d'usage de l'usufruitier pendant les nouveaux délais fixés, mais encore, pendant les mêmes délais, le fait par le nu-propriétaire d'une possession de la chose comme plein propriétaire. Dans cette opinion, ce serait à ce changement que se référeraient les mots *per modum,* placés à la suite de ceux *non utendo,* au

§ 3 du titre des Instituts *de usufructu*; la présence de ces mots, dit-on, serait inexplicable autrement, et la phrase où ils se trouvent est d'ailleurs suivie d'un renvoi au Code ainsi conçu : « Quæ omnia nostra statuit constitutio; » or, le premier paragraphe de cette constitution, qui est la seizième du titre *de usufructu et habitatione*, consacre en ces termes l'innovation de Justinien: «.... Sancimus.... nec ipsum usumfructum non utendo cadere,... nisi talis exceptio usufructuario opponatur, quæ, etiamsi dominium vindicaret, posset cum præsentem vel absentem excludere, » termes qu'il est impossible d'entendre autrement que de l'exigence pour la perte de l'usufruit des mêmes conditions qui font perdre le domaine. — Nous nous résignerions difficilement à admettre que Justinien eût introduit de cette façon un pareil changement, et nous croyons que la phrase du Code n'a trait qu'à la durée du non-usage. La constitution où elle se trouve est de l'an 530; or, dans une constitution de l'année suivante (C. 3. 34. *De servit. et aqua.* const. 13), Justinien déclare étendre aux servitudes sa disposition relative à l'usufruit, et dans cette constitution, dont chaque terme témoigne que le laps de temps est le seul point dont on s'occupe, reparaissent les anciennes expressions *non utendo* que, vraisemblablement, Justinien n'eût pas employées seules si son innovation eût porté sur autre chose que sur la durée de non-usage. D'ailleurs dans une seconde constitution de cette même année 531, au *principium* (ibid. const. 14), l'hypothèse qu'il pose et la solution qu'il lui donne nous paraissent rendre impossible de douter que pour l'extinction des servitudes rurales et de l'usufruit, désormais assimilés, il faille autre chose que le simple non-usage pendant le temps voulu. Quant aux mots *per modum* des Instituts ils peuvent s'expliquer autrement que ne le font les partisans de l'opinion adverse; la preuve en est dans la paraphrase de Théophile qui les traduit ainsi : *Suivant le mode convenu;* ce qui signifie que, dans le cas d'un usufruit modifié, le droit s'éteindrait par non-usage s'il n'était pas exercé dans les termes de la modification (1).

Remarquons que, pour éviter la perte de l'usufruit par non-usage, il n'est pas nécessaire que l'usufruitier exerce son droit lui-même; il suffit que quelqu'un l'exerce pour lui (D. 7. 1. *de usuf.* 12 fr. Ulp. § 2). Cela même n'est pas indispensable, si l'usufruitier profite d'un équivalent de la jouissance; ainsi l'usufruitier qui a vendu ne voit pas l'usufruit s'éteindre par le non-usage de l'acheteur, parce qu'il a le prix de vente dont il profite; au contraire, l'usufruit donné s'éteint par le non-usage du donataire, parce que l'usufruitier donateur, n'ayant que la jouissance de son douataire pour équivalent de la sienne, n'a pas d'équivalent si le donataire ne jouit pas (D. ibid. 38 fr. Marcian., 39 fr. Gaius. 40 fr. Marcian).

____

(1) Les expressions employées par Théophile sont celles-ci, τρόπῳ τινὶ, que Fabrot traduit par les mots *per modum conventum.*

De tous les modes d'extinction que nous venons de parcourir, nous ne voyons guère, comme applicables au quasi-usufruit, que la mort de l'usufruitier, sa *capitis deminutio*, et le terme ou la condition (D. 7. 8. *De usuf. car. rer.* 0 fr. Paul.—10 fr. Ulp. pr. — 0. *Usuf. quemad. cav.* 7 fr. id. § 1).

L'usufruit n'étant pas indivisible, peut s'éteindre pour partie, et, par conséquent, pour partie seulement faire retour à la propriété (I. J. 2. 4. *De usuf.* § 4.) ; il est clair que la mort de l'usufruitier ou sa *capitis deminutio* éteindront forcément l'usufruit tout entier (D. 7. 4. *Quib. mod. ususf.* 14 fr. Pomp.) ; mais on comprend très-bien qu'une extinction partielle soit produite par le terme ou la condition, s'ils n'ont été appliqués qu'à une partie de l'usufruit, par la destruction d'une portion seulement de la chose, par une cession partielle faite par l'usufruitier au nu-propriétaire, ou par celui-ci à l'usufruitier, et enfin par le non-usage (Ibid. 25 fr. id.)

Il nous reste à examiner comment s'éteignait l'usufruit acquis par une personne qu'on avait en sa puissance (D. 7. 1. *De usuf.* 6 fr. Gaius, § 2) ; l'usufruit acquis par un esclave s'éteignait-il par la mort, l'aliénation, l'affranchissement de l'esclave ? L'usufruit acquis par un fils de famille s'éteignait-il par la mort ou le changement d'état du fils de famille ? ou bien, au contraire, faisait-on abstraction de la personne de l'esclave ou du fils pour ne considérer que les événements intéressant celle du maître ou du père ? Jadis on distinguait : l'usufruit constitué par legs périssait par les événements intéressant l'esclave ou le fils que nous venons d'indiquer, tandis que l'usufruit acquis par un acte entre-vifs, à la suite, par exemple, d'une stipulation, ne périssait que par les événements intéressant le maître ou le père de famille (Vat. frag. § 57); le motif de cette différence était que pour un legs fait à un esclave ou à un fils de famille, la personne du maître ou du père n'était prise en considération qu'au point de vue de la *factio testamenti* (D. 31. *De legatis*, 2°, 82 fr. Paul. § 2), tandis que dans un acte entre-vifs, comme une stipulation, c'était uniquement cette personne qui était envisagée.

Justinien, dans une constitution de l'an 530 (C. 3. 33 *De usuf. et habit.* const. 15), rapportait les controverses agitées par les anciens auteurs sur le point de savoir ce qu'il fallait décider en cas d'aliénation partielle d'un esclave légataire d'un usufruit, les uns voulant que l'usufruit tout entier s'éteignît, les autres qu'il ne s'éteignît que pour une part correspondante à celle de l'esclave qui était aliénée, d'autres enfin que l'usufruit subsistât tout entier; il adoptait cette dernière opinion qui avait été celle de Julien.

Par une constitution de l'année suivante (ibid. const. 17.), qui rendit cette disposition inutile, il effaça toute distinction entre l'usufruit acquis par legs et l'usufruit acquis entre-vifs, et décida que dans tous les cas l'usufruit ne serait éteint que par les événements intéressant la personne du maître ou du père de famille.

Il fit plus; il disposa que l'usufruit acquis par un fils de famille, après la mort ou la *capitis deminutio* du père, continuerait sur la tête du fils (ibid.).

PRINCIPES DU DROIT FRANÇAIS

SUR

LA PREUVE DE LA FILIATION NATURELLE

La filiation naturelle se divise en deux branches :
la filiation naturelle simple et la filiation naturelle
adultérine ou incestueuse.

La filiation naturelle simple n'est, pas plus que
la filiation naturelle adultérine ou incestueuse, le
résultat d'une union reconnue par la loi ; dans notre
droit il n'y a rien qui ressemble au concubinat
romain.

Mais si le mariage est la seule union reconnue par
le Code civil, il n'en est pas moins vrai qu'un très-
grand nombre d'enfants naissent en France hors
mariage. Le législateur, dont les vues sont essen-

tiellement pratiques, devait se préoccuper des conséquences de ce fait; il a permis, au profit des enfants issus du concubinage simple, la constatation du
rapport de filiation, et a attaché à cette constatation
des effets assez considérables.

A la différence du concubinage simple, le concubinage entaché d'adultère ou d'inceste est rare;
dans nos mœurs c'est un crime. Aussi, loin d'organiser pour la filiation adultérine ou incestueuse,
comme pour la filiation naturelle simple, un système
de preuves, le législateur, désireux d'éviter des révé-
lations scandaleuses, a ici proscrit toute preuve;
lorsque la constatation d'une filiation adultérine ou
incestueuse se trouve acquise, ce n'est jamais que le
résultat d'un accident juridique.

Nos explications se diviseront donc naturellement
en deux parties : la première, relative à la filiation
naturelle simple, la seconde, à la filiation naturelle
adultérine ou incestueuse.

CHAPITRE Ier

Des preuves de la filiation naturelle simple.

Le devoir de fidélité n'étant pas imposé par la
loi à la femme non mariée, il n'y a pas de présomption légale qui désigne le père d'un enfant naturel.

La maternité, à la différence de la paternité, se

trahit par un fait palpable, l'accouchement, dont l'acte de naissance est le procès-verbal. L'indication de la mère faite dans cet acte établit la maternité légitime ; le législateur n'avait aucune raison de se défier de déclarations attribuant à une femme un honneur. Mais la maternité naturelle est dans nos mœurs un fait honteux qu'on cherche à dissimuler ; il y aurait à craindre que les déclarants, gagnés ou trompés, ne fissent des déclarations inexactes, n'indiquassent comme mère une autre femme que la mère véritable. Aussi n'est-ce pas dans l'acte de naissance d'un enfant naturel qu'il faut aller chercher le nom de sa mère. Si un nom s'y trouve, c'est à tort qu'on l'y a mis, il n'établit rien.

Au regard de la mère comme au regard du père, il y a deux modes de constatation de la filiation naturelle, et ce sont les seuls : une déclaration spontanée ou une déclaration judiciaire à la suite d'une recherche, la reconnaissance ou le jugement.

A chacun de ces deux modes de constatation nous consacrerons une section particulière.

SECTION 1re — DE LA RECONNAISSANCE

Nous allons traiter successivement : — De l'objet de la reconnaissance ; — De son auteur ; — De sa forme ; — De sa nullité et de son annulabilité.

§ 1er — *De l'objet de la reconnaissance.*

L'objet essentiel d'une reconnaissance étant de donner un titre de filiation à un enfant, il n'y a pas de reconnaissance possible sans un enfant auquel elle puisse s'appliquer.

Ainsi, une reconnaissance au profit d'un enfant non encore conçu est impossible, par cette simple raison qu'un enfant non encore conçu n'est rien, et sans qu'il soit besoin d'ajouter qu'une telle reconnaissance serait un acte d'intolérable immoralité.

Une reconnaissance ne pourrait non plus être faite au profit du produit monstrueux d'une femme, s'il arrivait jamais que ce produit dût être considéré comme n'appartenant pas à l'espèce humaine.

De même il n'y a pas de reconnaissance possible au profit d'un enfant mort-né ou né non viable, puisqu'aux yeux de la loi, ni chez l'un, ni chez l'autre, il n'y a eu d'existence (art. 314, 725, 906).

Nous croyons aussi qu'une reconnaissance ne peut être faite à propos d'un enfant mort sans laisser de descendants qui puissent recueillir à sa place ce titre de filiation. Ce n'est pas l'avis de tout le monde. Et d'abord, entre l'opinion de ceux qui professent l'impossibilité d'une pareille reconnaissance et l'opinion de ceux qui la considèrent comme possible, s'était placée une opinion mixte, qui heureusement tend à disparaître, d'après laquelle eût été seulement possible une reconnaissance ne produisant pas au profit de son auteur le droit de succession. Cette opinion intermédiaire se fondait sur le texte de l'article 765, judaïquement interprété : « Aux termes de cet article, disait-elle, la succession de l'enfant naturel est dévolue au père ou à la mère *qui l'a reconnu*; donc, pour succéder à l'enfant, il faut l'*avoir déjà reconnu* au moment où sa succession s'ouvre, et, si on ne le reconnaît qu'après, cette reconnaissance ne produira pas de vocation héréditaire au profit de son auteur ; elle ne saurait priver ceux qui sont nantis de la succession d'un droit acquis pour eux. » Rien n'était moins juridique que ce raisonnement. La reconnaissance, en effet, n'est pas attributive, elle n'est que déclarative ; elle ne crée pas les rapports de paternité et de filiation, elle les constate ; et le jour où elle intervient, si elle est valable, il est désormais démontré que ceux qui ont pris la succession n'y avaient qu'un droit apparent, et doivent la rendre. Il ne peut y avoir de transaction entre ces deux partis : possibilité d'une reconnaissance produisant tous ses effets, et impossibilité de la reconnaissance. Pour soutenir la première opinion, il faut nécessairement dire que la reconnaissance a été organisée non-seulement dans l'intérêt de l'enfant, mais aussi dans l'intérêt des père et mère. Or, nous maintenons cette idée qu'elle l'a été seulement dans l'intérêt de l'enfant. Les vœux du législateur seraient comblés s'il ne se produisait

jamais d'autre union que le mariage ; en permettant
la reconnaissance il a fait une concession. En faveur
de qui cette concession a-t-elle pu être introduite
dans la loi ? Non pas, assurément, en faveur de ceux
qui ont violé ses désirs en préférant au mariage les
unions libres, non pas en faveur des père et mère,
mais en faveur des enfants, victimes pures de toute
faute, qu'il importait de ne pas laisser sans famille,
isolés au sein de la société. L'article 765, qui accorde
aux auteurs naturels la succession de l'enfant décédé
sans postérité est-il contraire à cette idée ? Nullement : si on n'eût accordé cette succession aux père
et mère, le plus souvent il aurait fallu la laisser aller
au fisc ; mieux valait en faire pour les père et mère
un motif d'encouragement à reconnaître leur enfant.
Toute reconnaissance qui ne doit pas profiter à un
enfant nous paraît donc manquer de base juridique,
être impossible faute d'objet. A cet argument pour
nous péremptoire se joint une puissante considération
morale : ne réaliserait-on pas souvent un honteux
calcul en offrant un moyen facile de palper les bénéfices pécuniaires de la paternité sans en assumer les
charges ? Quelquefois, nous en convenons, le défaut
de reconnaissance du vivant de l'enfant aura de légitimes excuses ; nos adversaires nous disent qu'il serait alors très-dur pour l'auteur qui a fait des dépenses
d'éducation de ne pouvoir en être indemnisé. Nous
répondons qu'il lui restera, pour y arriver, une ressource très-naturelle, celle de se présenter comme

créancier de la succession (V. un arrêt de Paris, du 26 avril 1852).

Nous verrons que l'enfant adultérin ou incestueux est déclaré par la loi ne pouvoir être l'objet d'une reconnaissance valable.

Dans tous les cas que nous venons d'énumérer l'officier public doit se refuser à dresser un acte inutile, et si la reconnaissance a été par lui reçue, elle est radicalement nulle.

Pour faire l'objet d'une reconnaissance, il n'est pas nécessaire que l'enfant soit déjà né; il suffit qu'il soit conçu. Le principe : *Infans conceptus pro nato habetur quoties de commodis agitur*, est appliqué par la loi lorsqu'il s'agit de donations ou de successions, d'intérêts pécuniaires (art. 725, 906); comment se refuser à l'appliquer lorsqu'il s'agit d'intérêts moraux? Sans doute il se pourra que la reconnaissance d'un enfant seulement conçu soit démontrée plus tard inutile, parce que l'enfant naîtra mort ou non viable; mais, en revanche, combien de fois n'arrivera-t-il pas que, pour un père mourant, cette reconnaissance sera le seul moyen d'assurer un état à son enfant? Quant à l'article 334 : *La reconnaissance d'un enfant naturel sera faite par un acte authentique, lorsqu'elle ne l'aura pas été dans son acte de naissance*, il est clair qu'il ne se préoccupe que de la forme, et n'a pas pour but de nous dire que la reconnaissance ne pourra être faite que dans l'acte de naissance ou par un acte postérieur. Bien entendu,

la reconnaissance d'un enfant seulement conçu
devra contenir des indications assez précises pour
que, lors de la naissance, il soit certain que l'enfant
né est celui qu'on a voulu reconnaître.

Il n'est pas douteux que l'enfant sur l'existence
duquel il y a incertitude, l'absent, présumé ou même
déclaré, puisse être l'objet d'une reconnaissance ;
reconnaissance qui sera comme non avenue, il est
vrai, s'il n'est pas plus tard démontré que l'enfant
existait à l'époque où elle a été faite.

En disant plus haut qu'on ne pouvait reconnaître
après sa mort un enfant décédé sans postérité, nous
avons supposé que la reconnaissance était possible
s'il y avait postérité. Mais quelle postérité? légitime
ou naturelle? Que la postérité légitime puisse faire
l'objet de cette reconnaissance posthume, c'est un
point tranché par l'article 332, puisqu'il n'y a pas
de légitimation sans reconnaissance. Et ce n'est pas
seulement une reconnaissance accompagnée d'une
légitimation qui nous paraît alors possible; les principes conduisent à dire que l'auteur aurait la faculté
de reconnaître lors même qu'il ne voudrait pas ou
ne pourrait plus légitimer, car sa reconnaissance
serait encore un acte profitable (V. art. 759). Mais la
postérité naturelle de l'enfant décédé ne nous semble
pas pouvoir servir d'objet à une pareille reconnaissance; tout ce que la reconnaissance pourrait alors
produire, ce serait la transmission du nom (Voy.
art. 756); or, un nom derrière lequel il n'y aurait

pas de droits de famille ne serait qu'une indication n'indiquant rien.

La différence de couleur entre celui qui veut reconnaître et celui qu'il veut reconnaître ne ferait pas obstacle à la reconnaissance; ainsi, un nègre pourrait fort bien être reconnu par un blanc, et *vice versâ*. Bien entendu, la contestation aurait alors grande chance de réussir.

Il faut en dire autant du cas où l'âge respectif des deux personnes permettrait difficilement ou même ne permettrait pas du tout de croire que l'une pût être l'enfant de l'autre.

Nous n'avons pas besoin de faire remarquer que ni la minorité, ni l'interdiction judiciaire ou légale, n'empêchent un individu d'être l'objet d'une reconnaissance.

L'enfant à l'égard duquel existe déjà la constatation d'une filiation peut néanmoins être l'objet d'une reconnaissance ayant pour but de constater pour lui une filiation différente. Tant que ces deux constatations n'auront pas été mises en présence devant les tribunaux qui feront triompher celle qui leur paraîtra conforme à la vérité, l'enfant se trouvera dans une situation juridique assez bizarre : il sera tout à la fois enfant naturel de plusieurs hommes ou de plusieurs femmes, ou même tout à la fois enfant naturel et enfant légitime, ces diverses qualités pouvant être tour à tour ou toutes ensemble invoquées par lui ou contre lui. Remarquons que si l'une des deux constatations contradictoires était celle d'une filiation légitime établie par le concours du titre de naissance et d'une possession conforme, l'autre succomberait nécessairement, ou plutôt serait déclarée non recevable à entrer en lutte (V. art. 322).

§ II. — *De l'auteur de la reconnaissance.*

La reconnaissance étant l'aveu d'un fait essentiellement personnel ne peut émaner que de la personne à laquelle elle doit attribuer le titre d'auteur, ou de son fondé de pouvoir.

Ainsi, la désignation qu'une femme ferait d'un homme comme étant le père de l'enfant par elle reconnu n'équivaudrait nullement à une reconnaissance faite par cet homme.

Il en serait de même de la désignation qu'un homme ferait d'une certaine femme comme étant la mère de l'enfant par lui reconnu. Des auteurs prétendent que cette désignation faite par le père équivaudrait à une reconnaissance émanée de la femme désignée, s'il s'y ajoutait quelque aveu de sa part. Cette opinion se fonde sur l'art. 336 : *La reconnaissance du père, sans l'indication et l'aveu de la mère, n'a d'effet qu'à l'égard du père.* Donc, dit-on, *a contrario*, la reconnaissance du père, avec l'indication et l'aveu de la mère, n'a pas seulement effet à l'égard du père, mais a aussi effet à l'égard de la mère. — Nous reconnaissons que les arguments *a contrario* peuvent quelquefois avoir une certaine valeur; mais ils ont leurs dangers, et celui qu'on fait ici en est une preuve. L'historique de l'art. 336 démontre que le sens qu'on lui prête était loin de la pensée des rédacteurs. Qu'une femme puisse se déclarer la mère d'un enfant, sans l'adhésion du père, cela ne souffre pas de difficulté, parce qu'une femme n'a besoin du témoignage de personne pour être sûre de sa maternité. Mais un homme, au contraire, ne peut jamais être matériellement sûr de sa paternité. Aussi voulait-on d'abord que la reconnaissance du père ne fût possible qu'autant qu'elle serait *avouée* par la mère. L'intérêt des enfants fit écarter cette idée, et de la discussion sortit un article ainsi conçu : « La reconnaissance d'un enfant naturel n'aura d'effet qu'à l'égard de celui qui l'aura reconnu. » Il est vrai qu'il a été remplacé par l'art. 336 actuel; mais ce changement se fit sans nouveau débat, et notre art. 336, résultat de ces incertitudes de rédaction, signifie simplement qu'un homme peut faire une reconnaissance sans indication ni adhésion de la mère. Est-il besoin de faire remarquer le très-grand danger que présenterait la doctrine de nos adversaires? Le premier venu reconnaît un enfant, et en même temps indique une certaine femme comme étant la mère; si cette femme donne quelques soins à cet enfant, voilà un aveu; voilà une femme devenue mère aux yeux de la loi! Notre conclusion est

donc que l'indication d'une prétendue mère faite par
le père est absolument vaine au point de vue de la
preuve, et doit être aussi rigoureusement repoussée
par l'officier public que l'indication d'un prétendu
père faite par la mère.

De ce que la reconnaissance est l'aveu d'un fait
tout personnel, il résulte encore qu'elle ne saurait
être faite par un tuteur au nom de la personne qu'il
représente, et que l'assistance ou l'autorisation d'un
tiers, là où elle est utile pour les autres actes, serait,
en matière de reconnaissance, complétement ineffi-
cace.

La conséquence de ceci va-t-elle être que l'interdit pendant la durée de l'interdiction, le mineur pendant la durée de la minorité, la femme mariée pendant celle du mariage, ne pourront reconnaître un
enfant naturel? Cette conséquence serait infiniment
fâcheuse. Nous ne croyons pas qu'elle soit commandée par les principes. D'abord il nous semble que les
règles de la tutelle n'ont pas pu être faites pour les
facultés non susceptibles d'être exercées par déléga-
tion. S'il en était autrement, on eût enlevé aux inca-
pables non-seulement l'exercice, mais encore la
jouissance de droits fort importants. — Reconnaître
un enfant naturel, c'est faire une simple déclaration;
et si cet aveu a des effets pécuniaires, ils dérivent de
la loi; l'auteur de la reconnaissance ne s'oblige pas
directement. Ce n'est donc pas là contracter, s'engager, comme l'entend l'art. 1124. Dès lors, si le

législateur avait voulu exiger pour la reconnaissance la même capacité civile que pour les actes soumis à cet art. 1124, ne serait-il pas bien étonnant qu'il eût à cet égard gardé un complet silence en déterminant, dans un titre spécial, les conditions de la reconnaissance? — Et maintenant, s'il est permis au mineur non émancipé et à l'interdit jouissant d'un intervalle lucide de reconnaître eux-mêmes un enfant, si la même faculté est accordée, sans besoin d'assistance ou d'autorisation, au mineur émancipé et à la femme mariée, il est clair que la reconnaissance émanée d'eux n'est pas entachée du vice frappant les actes qu'ils font en dehors de leur capacité. Là où l'article 1124, édictant l'incapacité, n'est pas applicable, son corollaire, l'art. 1125, édictant comme sanction l'annulabilité, ne l'est pas non plus. — L'art. 339 et l'appréciation des magistrats nous paraissent être des remèdes suffisants aux dangers que semble présenter la doctrine que nous venons d'établir, doctrine généralement adoptée par les auteurs et les tribunaux.

Nous n'avons pas parlé de l'individu pourvu d'un conseil judiciaire, parce que, pour lui il n'y a pas de question possible, les actes au sujet desquels sa capacité se trouve restreinte étant énumérés par la loi, et la reconnaissance ne figurant pas dans cette énumération. (Art. 499 et 513.)

Bien entendu, l'interdiction légale n'empêche pas celui qu'elle frappe de faire une reconnaissance parfaitement valable. (Art. 29, C. pén.)

La reconnaissance que peut faire un homme marié ou une femme mariée d'un enfant dont la conception n'a pas été adultérine établit, comme toute reconnaissance, à l'égard de tous, la filiation de cet enfant, mais n'est pas une reconnaissance ordinaire au point de vue des effets secondaires. L'article 337, par son premier alinéa, dispose que : « *La reconnaissance faite pendant le mariage, par l'un des époux, au profit d'un enfant naturel qu'il aurait eu, avant son mariage, d'un autre que de son époux, ne pourra nuire ni à celui-ci, ni aux enfants nés de ce mariage.* » Ce fut le désir de voir maintenue la bonne harmonie au sein des unions légitimes qui décida le législateur à sacrifier ici l'intérêt des enfants naturels. Ce motif de l'article 337 explique pourquoi il ne s'applique qu'à la reconnaissance faite pendant le mariage et faite au profit d'un enfant n'appartenant pas aussi au second conjoint. Si la reconnaissance n'est faite qu'après la dissolution du mariage, il n'y a plus à craindre qu'elle en rompe la bonne harmonie. Si elle a été faite avant le mariage, ou elle aura été connue du conjoint, et la situation aura été par lui acceptée, ou elle aura été ignorée jusqu'après la célébration ; mais alors le seul ressentiment à craindre sera celui du silence gardé sur une circonstance qu'après tout de soigneuses recherches pouvaient faire découvrir, et non point celui plus légitime, plus violent et par conséquent plus important à atténuer, d'une déloyale combinaison impossible à déjouer, combinaison réelle ou facilement supposée, consistant à avoir retardé jusqu'après la célébration du mariage une reconnaissance qui aurait pu en entraver la conclusion. A cette considération tirée du motif dictant l'article 337 s'en joignait d'ailleurs une autre : pour l'enfant reconnu avant le mariage il y a un droit acquis ; pouvait-on permettre à la volonté de l'auteur d'y porter atteinte ?

On s'est demandé si la ratification, faite pendant le mariage, d'une reconnaissance antérieure place cette reconnaissance sous le coup de l'article 337. Nous ne le croyons pas ; d'abord parce qu'on est en dehors du texte de l'article et qu'il s'agit d'une mesure rigoureuse qu'on ne pourrait appliquer par analogie ; ensuite parce qu'il n'y a pas d'analogie : dès qu'une reconnaissance susceptible d'être ratifiée existe, il y a une reconnaissance valable aux yeux du plus grand nombre, et pour ceux même auxquels le vice peut être connu cette reconnaissance demeure encore le plus souvent la preuve manifeste que l'auteur veut donner un état à un enfant.

Le motif sur lequel est fondé l'article 337 explique aussi, avons-nous dit, pourquoi il ne s'applique plus lorsque l'enfant reconnu est également celui de l'autre conjoint. En effet, un époux ne saurait être offensé de voir son époux donner un titre à l'enfant commun. Peu importe à quelle époque et de quelle manière il est établi que l'enfant appartient aussi à l'autre conjoint, le texte ni l'esprit de la loi ne posant aucune condition à cet égard.

C'est toujours par le motif de l'article 337 que s'explique son second alinéa : « *Néanmoins la reconnaissance produira son effet après la dissolution de ce mariage, s'il n'en reste pas d'enfants.* » On pouvait, sans crainte du ressentiment de l'époux, déclarer que la reconnaissance reprendrait ses effets ordinaires dès qu'il n'y aurait plus d'intérêts chers à cet époux à sauvegarder contre elle. Remarquons que l'absence d'enfants du mariage ne suffit pas pour que la reconnaissance reprenne ainsi ses effets, comme pourrait le faire croire la rédaction incomplète de ce second alinéa; les effets ne seront produits, le motif de l'article 337 le dit assez, que tout autant qu'ils ne seront pas inconciliables avec l'intérêt du conjoint lui-même. Rarement il arrivera que cet intérêt isolé de l'époux fasse échec à la reconnaissance, et il n'est pas étonnant que les rédacteurs, après avoir posé la règle dans le premier alinéa, aient omis de mentionner encore une fois l'époux dans le second qui ne fait qu'énoncer un résultat de cette règle, résultat, disons-le en passant, assez inutile à exprimer.

Nous ne croyons pas que l'adhésion donnée par un conjoint à la reconnaissance que fait son conjoint doive empêcher l'application de l'article 337. Le texte ne comporte pas de distinction, et c'est avec raison, car l'adhésion pourrait être regrettée, et alors apparaîtrait la mésintelligence. Cette observation nous dispense de produire tout autre argument.

Il nous reste à déterminer quelle est précisément la portée de ces mots : « *ne pourra nuire.* » D'abord il nous paraît certain que les résultats moraux de la reconnaissance ne doivent pas être considérés comme pouvant nuire à l'époux ni aux enfants du mariage ; l'enfant reconnu pendant le mariage sera donc placé sous la puissance paternelle de son auteur ; par la même raison, nous croyons qu'il pourra porter le nom de cet auteur. Mais aura-t-il droit à des aliments ? Ici il ne s'agit plus d'un résultat moral ; le droit aux aliments est certainement un droit pécuniaire ; cependant la généralité des auteurs et des arrêts accorde des aliments à l'enfant reconnu pendant le mariage. Cette solution nous paraît en effet commandée par cette considération : que le législateur, en accordant des aliments à l'enfant adultérin lui-même, a suffisamment manifesté qu'il ne considérait pas le minime préjudice ainsi produit comme une cause sérieuse de mésintelligence.

Les droits de l'enfant reconnu pendant le mariage sur la succession de son auteur ne pourront-ils être exercés que tout autant qu'ils ne porteront pas atteinte à des libéralités faites au profit du conjoint, soit par testament, soit par acte de donation postérieur au mariage ? Nous ne croyons pas qu'il faille aller jusque-là. Les legs sont essentiellement révocables; les donations entre époux le sont aussi; le conjoint, qui a toujours dû considérer leur réalisation comme très-incertaine, sera moins troublé en les voyant menacés, qu'il ne l'eût été en voyant menacés les avantages sur lesquels il croit pouvoir compter. D'ailleurs, si quelque ressentiment était encore à craindre ici, le législateur devait en accepter les conséquences, puisqu'il acceptait celles du ressentiment que peut causer une révocation, non plus éventuelle et se présentant comme le résultat d'un devoir accompli, mais immédiate et n'étant peut-être que le résultat d'un pur caprice; il devait les accepter d'autant mieux que cette faculté de révoquer arbitrairement aurait rendu illusoire ce qu'il aurait fait pour les repousser, l'auteur de la reconnaissance demeurant libre, en la faisant, d'anéantir le testament ou la donation. Tels sont les motifs qui nous déterminent, et nous avouons n'être pas touché par un autre argument qu'on a souvent fait valoir et qui peut être ainsi formulé : L'article 337 ne parle que de l'époux; il ne parle ni du donataire, ni du légataire; c'est donc seulement l'époux en tant qu'époux qui est par lui protégé, et non point l'époux en tant que donataire ou légataire. — Il nous semble qu'atteindre un époux donataire ou légataire ce serait encore atteindre un époux. Ajoutons que ce mauvais argument de texte conduirait à dire que, si antérieurement au contrat de mariage une donation avait été faite par l'une des personnes devenues plus tard époux à l'autre, cette donation ne devrait pas être protégée par l'article 337, résultat inadmissible, l'époux donataire devant ici compter sur l'irrévocabilité.

On s'est demandé si la reconnaissance faite par un époux pendant le mariage pourrait être par lui réitérée après la dissolution de ce mariage. La négative est certaine. Sans doute il y aurait intérêt, au point de vue des effets pécuniaires, à compléter ou à remplacer ainsi la première reconnaissance par une seconde; mais cette seconde reconnaissance manquerait d'objet juridique, la constatation de la filiation, objet nécessaire de toute reconnaissance, étant déjà acquise.

Un impuissant, un castrat même peuvent faire une reconnaissance; mais cette reconnaissance résistera moins facilement à une contestation que celle émanant d'un homme ordinaire.

L'engagement dans les ordres n'est pas non plus un obstacle à la reconnaissance. Ni le Code civil ni le Concordat ne privent le prêtre catholique de la faculté de reconnaître un enfant naturel. Il faut en dire autant de la religieuse. Aucune loi spéciale n'a fait ce que ni le Code ni le Concordat n'avaient fait; et c'est avec raison, car si la faute est possible, il faut que la réparation le soit aussi.

Rien ne s'oppose à ce qu'un étranger reconnaisse en France un enfant naturel, si son statut personnel le lui permet.

§ III. — *De la forme de la reconnaissance.*

La reconnaissance est la simple déclaration d'un fait; c'est l'œuvre d'une seule volonté; le concours de la personne à laquelle elle s'applique est inutile.

Il n'y a pas de termes sacramentels pour cette déclaration; il n'est même pas nécessaire qu'elle soit conçue en termes dispositifs; on peut la rencontrer dans une phrase énonciative.

Mais la très-grande importance de l'état des personnes commandait que pour assurer la liberté du déclarant on exigeât la forme authentique; aussi l'article 334 dispose-t-il que « la reconnaissance d'un enfant naturel sera faite par un acte authentique, lorsqu'elle ne l'aura pas été dans son acte de naissance. »

Nous n'avons rien à dire du cas où la reconnaissance est faite dans l'acte de naissance. Si elle est faite par acte séparé, l'officier public compétent par excellence pour la recevoir est encore l'officier de l'état civil. Et ici la compétence de cet officier est territoriale, c'est-à-dire qu'il est indifférent que l'enfant reconnu et l'auteur de la reconnaissance soient ou non domiciliés dans sa commune; il suffit qu'on s'adresse à lui dans les limites de cette commune.

Bien entendu, il faut que l'acte contenant la reconnaissance soit rédigé avec les formalités requises pour les autres actes de l'état civil.

Il faut de plus, conformément à l'article 62, qu'il en soit fait mention en marge de l'acte de naissance.

La reconnaissance rentre si naturellement dans la compétence de l'officier de l'état civil qu'il avait d'abord été proposé de rendre cette compétence exclusive; mais le texte général de l'article 334 prouve que cette première idée ne fut pas maintenue.

Les notaires, ayant mission de recevoir les actes auxquels les parties veulent faire attacher le caractère d'authenticité, peuvent sans nul doute recevoir une reconnaissance. Bien entendu, il faut pour cela qu'ils soient compétents suivant le droit commun, c'est-à-dire qu'ils reçoivent l'acte dans les limites de leur ressort, et avec l'observation des formalités ordonnées par les lois spéciales relatives au notariat.

Nous ne croyons pas que la reconnaissance puisse être délivrée en brevet. Les articles 20 et 68 combinés de la loi du 25 ventôse an xi frappent de nullité les actes des notaires dont il ne reste pas minute, à moins qu'il ne s'agisse *d'un acte simple qui, d'après les lois, peut être délivré en brevet;* or, aucune loi n'autorise la délivrance en brevet de la reconnaissance, dont il importe au contraire que la conservation et l'irrévocabilité soient assurées.

Le plus souvent l'acte notarié contenant une reconnaissance aura été dressé exprès pour la recevoir; mais il n'est pas nécessaire qu'il en soit ainsi; une reconnaissance peut très-bien être consignée dans tout acte ayant en même temps un autre but, cet autre but fût-il le principal, par exemple dans un testament par acte public.

Nous disons dans un testament par acte public, car nous ne croyons pas qu'une reconnaissance puisse être faite dans un testament mystique. Là, en effet, le notaire ne présiderait pas à la déclaration même de paternité ou de maternité, et les dangers auxquels on a voulu obvier par sa présence ne seraient pas écartés.

La reconnaissance faite dans un testament par acte public donne lieu à une importante question, celle de savoir si l'auteur du testament peut, en révoquant le testament, révoquer aussi la reconnaissance. Pour soutenir que la reconnaissance est irrévocable, on raisonne de la manière suivante : dans le testament qui contient une reconnaissance il y a deux parties qu'il faut soigneusement distinguer, la partie proprement testamentaire où se trouvent les dispositions de biens, puis la partie où se trouve la reconnaissance ; la première est essentiellement révocable, mais la seconde ne doit pas l'être davantage qu'une reconnaissance faite par acte séparé, car dans un testament contenant une reconnaissance il y a en réalité deux choses, le testament d'un côté, la reconnaissance de l'autre. Ne serait-il pas scandaleux d'ailleurs qu'un aveu de paternité ou de maternité fait devant un officier public pût être révoqué au gré des caprices de son auteur ? — Nous préférons la doc-

trine contraire : il nous semble que l'individu qui
fait une reconnaissance dans un testament n'entend
pas plus faire cet aveu d'une façon définitive qu'il
n'entend faire d'une façon définitive les dispositions
de biens contenues en ce testament. Faire un testament c'est ne faire qu'un projet; placer une reconnaissance dans un pareil acte c'est donc ne vouloir
faire qu'un projet de reconnaissance. Pourquoi ne
pourrait-on faire un projet de reconnaissance? Est-il
impossible qu'un homme soit assez peu sûr de sa
paternité pour ne pas vouloir provisoirement faire
autre chose? Une femme même ne peut-elle pas avoir
des doutes sur l'identité de l'enfant auquel elle applique sa déclaration avec celui dont elle a été séparée
depuis l'accouchement peut-être?

Les officiers de l'état civil et les notaires sont seuls
régulièrement compétents pour recevoir la reconnaissance d'un enfant naturel; mais, accidentellement,
cette reconnaissance peut être constatée par d'autres
autorités qui ont le pouvoir d'attacher l'authenticité
aux déclarations faites devant eux, comme un juge
commis procédant à un interrogatoire ou à une en-
quête, un tribunal donnant acte de l'aveu, un juge
de paix siégeant au bureau de conciliation, un huis-
sier dressant procès-verbal de la réponse négative
émanée d'une personne à laquelle sommation aurait
été faite d'avoir à déclarer si elle entend contester à
tel enfant la qualité de son enfant naturel.

Nous croyons que dans tous les cas où la reconnaissance est reçue par un fonctionnaire autre que l'officier de l'état civil elle doit, comme celle reçue par cet officier, être mentionnée en marge de l'acte de naissance. On l'a nié, en disant que l'art. 62, étant placé au titre des actes de l'état civil, devait être considéré comme ne s'appliquant qu'à la reconnaissance reçue par l'officier de l'état civil. Mais nous faisons remarquer que l'art. 62, avec la portée générale que nous lui donnons, est encore à sa place au titre des actes de l'état civil, puisqu'il s'agit dans tous les cas d'une mention à faire sur les registres contenant ces actes, et destinée à en compléter un, l'acte de naissance; nous ajoutons que cet article est conçu en termes on ne peut plus généraux, et qu'il importe de ne pas soustraire la reconnaissance à la publicité que le législateur a voulu être de règle pour tout ce qui touche à l'état des personnes (V. art. 45). On insiste au sujet de la reconnaissance par acte notarié, en alléguant que la compétence des notaires a été introduite précisément pour offrir aux gens honteux le moyen de faire une reconnaissance secrète (Voy. art. 23 de la loi du 25 ventôse an XI); mais nous ne voyons pas qu'on établisse que telle ait été l'intention du législateur.

Le but essentiel de l'article 334, qui exige que la reconnaissance soit faite par un acte authentique, étant, ainsi que nous l'avons dit, d'en garantir la liberté et la sincérité, il nous paraît certain, bien que le contraire ait été soutenu, qu'un acte sous seing privé, vérifié ou même reconnu en justice, ne

suffirait pas. La vérification et même la reconnaissance de l'écriture d'un acte sous seing privé prouvent bien que cet acte est émané d'une telle personne, mais ne prouvent pas qu'il soit émané d'elle
en dehors de toutes surprises ou obsessions; c'est en
ce sens seulement que l'art. 1322 dispose que l'acte
sous seing privé reconnu ou vérifié a entre les parties la même foi que l'acte authentique.

Des auteurs ont prétendu qu'un acte de reconnaissance sous seing privé donnerait à l'enfant désigné
droit à des aliments. Leur doctrine nous paraît renversée par ce raisonnement très-simple : pour devoir
à son enfant, il faut avoir *un enfant ;* aux yeux de la
loi n'a pas d'enfant celui qui n'est pas prouvé en
avoir, et la reconnaissance sous seing privé ne prouve
pas la filiation. Si l'acte sous-seing privé, outre la reconnaissance, contenait une obligation de fournir des
aliments, cette obligation serait nulle; elle ne serait,
en effet, rien autre chose que l'énonciation d'une
conséquence de la reconnaissance supposée valable;
la reconnaissance n'existant pas, l'obligation ne saurait existér. Que si l'acte ne formulait pas de reconnaissance et contenait seulement l'obligation de fournir des aliments à un enfant que le souscripteur trai-
terait de sien, l'obligation devrait encore être déclarée
nulle, comme sans cause, puisque la filiation, prise
pour cause, n'aurait pas d'existence juridiquement
constatée.

L'acte de reconnaissance sous seing privé étant

nul n'établit pas davantage la filiation contre l'enfant que pour lui, et on ne pourrait le lui opposer pour faire réduire les libéralités à lui faites par l'auteur de cet acte. Nous croyons qu'il en serait encore ainsi dans le cas où la reconnaissance et la libéralité se trouveraient dans un même acte, par exemple dans un testament olographe ; la reconnaissance n'établissant rien ne saurait avoir d'influence sur le reste de l'acte. Mais si la filiation indiquée par cette reconnaissance était présentée comme la cause de la libéralité, ne faudrait-il pas déclarer cette libéralité nulle pour le tout, comme étant sans cause ? Non ; on sait, en effet, que l'intention même de donner est considérée comme la cause suffisante de toute libéralité, sans qu'il y ait à se préoccuper de la raison déterminante de cette intention, de son motif, qui n'est, comme on l'a dit justement, que la cause de la cause.

Nous avons dit que la reconnaissance d'un enfant naturel pouvait être faite par un mandataire. Il faut, bien entendu, que la procuration soit spéciale, et que l'enfant qu'il s'agit de reconnaître y soit nettement individualisé. La raison dit assez que cette procuration doit en outre être authentique dans tous les cas, car là où les garanties de l'authenticité sont nécessaires pour l'acte lui-même, il est clair que ces garanties sont aussi nécessaires pour la procuration. Cependant on avait élevé quelques doutes sur ce point ; on disait que l'article 36 n'exigeait une procuration authentique que lorsqu'il s'agissait d'une reconnaissance à faire devant l'officier de l'état civil, et que, pour les autres cas, on devait rester dans les termes du droit commun formulé par l'article 1985. Aujourd'hui, il nous semble qu'il n'y a plus de controverse possible en présence de l'article 2 de la loi du 21 juin 1843, ainsi conçu : « A l'avenir, les actes notariés contenant donation entre-vifs, donation entre époux pendant le mariage, révocation de donation ou de testament, *reconnaissance d'enfants naturels, et les procurations pour consentir ces divers actes*, seront, à peine de nullité, reçus conjointement par deux notaires, ou par un notaire en présence de deux témoins... » Nous ne voyons du reste rien qui s'oppose à ce que cette procuration soit délivrée en brevet. (V. art. 20 de la loi du 25 ventôse an XI.)

IV. — *De la nullité et de l'annulabilité de la reconnaissance.*

Une reconnaissance peut être nulle, n'avoir aucune existence en droit, ou être seulement annulable, avoir une existence viciée.

Nous avons déjà dit qu'il fallait considérer comme nulles : la reconnaissance faite sans objet, c'est-à-dire sans un enfant auquel elle pût s'appliquer, et la reconnaissance faite par acte sous seing privé; sont encore nulles : la reconnaissance faite par un individu en état actuel de démence; là où il n'y a pas eu de volonté il n'a pu y avoir de reconnaissance; — celle faite au nom du père ou de la mère par une personne non munie d'une procuration spéciale et authentique; — celle enfin qui aurait été reçue par un officier public tout à fait incompétent, comme un commissaire de police ou un garde champêtre.

Nous considérons comme seulement annulables : la reconnaissance qui attribue à l'enfant une filiation qui n'est pas la sienne; — celle qui a été entachée de dol, de violence ou d'erreur; il faut remarquer, en effet, que la reconnaissance entachée d'erreur ne rentre pas toujours dans le cas précédent; il se peut qu'elle attribue à l'enfant une filiation qui est la sienne; pour arriver à ce résultat, il suffit de supposer qu'un homme ayant deux enfants naturels et n'en voulant reconnaître qu'un, a appliqué à l'un la reconnaissance qu'il voulait appliquer à l'autre. — Nous croyons encore seulement annulable la reconnaissance entachée de quelque vice de forme, ou reçue par un fonctionnaire ayant qualité pour recevoir les reconnaissances, mais en dehors de sa compétence propre.

De la reconnaissance nulle nous n'avons rien à dire, sinon que toute personne intéressée peut toujours opposer son inexistence, soit par voie d'action, soit par voie d'exception, et sans avoir besoin d'invoquer l'article 339 qui n'a pas été fait pour cette hypothèse, puisqu'il parle d'une reconnaissance qui peut être contestée, et qu'on ne peut pas contester le néant. C'est à la reconnaissance seulement annulable que nous appliquons les développements qui suivent.

Et d'abord, quelles sont les personnes qui peuvent attaquer une reconnaissance? L'article 339 répond : « Toutes celles qui y ont intérêt. »

Au premier rang nous paraît devoir être placé l'auteur même de la reconnaissance. Des auteurs prétendent que son action ne serait pas recevable si, sans alléguer ni dol, ni violence, ni erreur, il prétendait avoir fait, en pleine connaissance de cause, une déclaration mensongère. Nous ne partageons pas cette opinion, parce que si, en général, on ne peut revenir sur son aveu, il en est autrement dans les matières qui intéressent l'ordre public et les bonnes mœurs. Il est vrai qu'il pourra se présenter telle hypothèse où cette rétractation sera singulièrement odieuse ; par exemple, il serait navrant de voir un homme qui aurait reconnu l'enfant d'une jeune fille, et aurait ensuite épousé cette jeune fille, chercher à établir qu'il a reconnu l'enfant d'un autre. Mais l'intérêt de la vérité, lorsqu'il s'agit de l'état des personnes, nous paraît être, aux yeux de la loi, supérieur à toute considération de cette nature.

Après l'auteur même de la reconnaissance se présentent comme pouvant être intéressés à la faire tomber l'enfant qui a été reconnu et l'individu qui offrirait de prouver que cet enfant lui appartient. Il faut considérer encore comme ayant un intérêt très-suffisant pour former la base d'une action, l'homme qui ayant reconu un enfant le verrait reconnu par une femme qu'il prétendrait n'être pas la mère, et *vice versa ;* la circonstance que les deux reconnaissances auraient été faites par un seul acte n'empêcherait pas l'auteur de l'une de pouvoir contester l'autre.

Outre ces personnes qui sont moralement intéressées, peuvent encore contester la reconnaissance toutes celles qui n'ont qu'un intérêt pécuniaire, comme les héritiers ou successeurs de l'auteur de la reconnaissance ; un légataire si cette reconnaissance nuit à l'exécution de son legs ; un donataire, si une légitimation a suivi (art. 960) ; toute personne enfin ayant un intérêt né et actuel.

Mais entre l'action qui peut se baser sur un intérêt moral et celle qui n'a d'autre base qu'un intérêt pécuniaire il y a de notables différences : l'action fondée sur un intérêt moral nous paraît être exclusivement personnelle; nous croyons, au contraire, que l'action fondée sur un simple intérêt pécuniaire peut être exercée par tous ayants droit, notamment par des créanciers (art. 1166). L'action fondée sur un intérêt moral est imprescriptible, parce qu'après les droits pécuniaires qui s'éteignent par prescription subsiste l'intérêt moral qui ne s'éteint pas; au contraire, l'action fondée sur un simple intérêt pécuniaire se prescrit comme et avec les droits pécuniaires sans lesquels il n'y a plus pour elle de raison d'être.

Nous disons que l'action est imprescriptible entre les mains des personnes qui ont à l'exercer un intérêt moral. Il faut prendre garde toutefois qu'il n'en est ainsi que si c'est le fond même de la reconnaissance qui est attaqué, c'est-à-dire si l'on prétend que l'enfant reconnu par une personne n'est pas l'enfant de cette personne. Que si, au contraire, on n'allègue qu'un vice de forme ou un vice de consentement, nous croyons que l'allégation ne peut se produire que pendant le temps après lequel, de droit commun, ces vices sont considérés comme couverts. Le silence des intéressés ne peut jamais faire qu'une filiation fausse devienne une filiation vraie, mais, gardé pendant un certain temps, il peut fort bien faire qu'un acte authentique à la forme duquel il manque quelque chose soit considéré comme complet, et qu'un consentement d'abord imparfait soit considéré comme parfait; tel est le droit commun, et nous ne voyons pas de raison de s'en écarter. Bien entendu, ce que nous disons ici de la prescription est applicable à la renonciation; on ne peut pas renoncer à contester une reconnaissance attribuant une fausse filiation, mais on peut renoncer à contester une reconnaissance entachée d'un vice de forme ou de consentement.

Le dol, l'erreur, la violence sont des moyens relatifs et personnels à celui qui en a été victime. Est-ce à dire que l'auteur de la reconnaissance et ses représentants pourront seuls les faire valoir ? Il faut s'entendre. Oui, sans doute, le dol, l'erreur et la violence ne pourront être invoqués que par l'auteur de la reconnaissance si de la preuve faite de l'un de ces vices on entend directement conclure à la nullité de la reconnaissance; mais si, au lieu d'attaquer la reconnaissance seulement pour vice de consentement, on l'attaque en prétendant qu'elle attribue à l'enfant une filiation qui n'est pas la sienne, le dol, l'erreur et la violence, excellents moyens à l'appui de cette prétention, pourront certainement être invoqués par tous intéressés.

La procédure de l'action tendant à faire tomber une reconnaissance n'offre rien de particulier, si ce n'est que cette action, comme toutes celles relatives à l'état des personnes, est dispensée du préliminaire de conciliation puisqu'elle ne peut faire l'objet d'une transaction, assujettie à la communication au ministère public, et, si elle va en appel, jugée en audience solennelle.

Tous moyens sont bons pour l'attaque et pour la défense. Il ne faudrait pas ici songer à appliquer les art. 340 et 341 à des hypothèses pour lesquelles ils n'ont certainement pas été faits.

Remarquons que si l'enfant n'est pas partie principale ou intervenante au débat, il doit y être appelé pour que le jugement à intervenir lui soit commun.

SECTION II° — DE LA RECHERCHE DE LA PATERNITÉ OU DE LA MATERNITÉ NAT¹RELLES

Une déclaration judiciaire est le second mode de constatation de la filiation naturelle. L'instance par laquelle on la poursuit s'appelle : Recherche de la Paternité ou de la Maternité.

Nous allons examiner successivement : — Dans quels cas il y a lieu de recourir à l'action en recherche; — qui peut l'intenter; — quelles en sont les conditions; — pendant quel temps elle est possible.

§ Ier — *Des cas où il y a lieu à intenter l'action en recherche de paternité ou de maternité naturelles.*

Bien entendu, ce n'est qu'à défaut de reconnaissance qu'il est nécessaire de recourir à cette action. À ce point de vue, une reconnaissance nulle équivaut à l'absence de toute reconnaissance. Quant à la reconnaissance annulable, tant qu'elle ne sera pas renversée, elle fera preuve aussi bien qu'une déclaration judiciaire; néanmoins, si l'auteur de cette reconnaissance ne veut ou ne peut couvrir le vice dont elle est entachée, et si ce vice est de nature à pouvoir être invoqué par l'enfant, celui-ci, s'il y a lieu de craindre le dépérissement des preuves, agira prudemment en demandant une décision judiciaire qui remplacera, par une constatation solide, la constatation précaire découlant de la reconnaissance.

Il faut se garder de confondre une simple demande en rectification d'acte avec une véritable action en recherche de paternité ou de maternité, pour ne pas exiger dans le premier cas les conditions exigées dans le second. On reconnaîtra qu'il s'agit d'une simple demande en rectification lorsque les changements réclamés dans l'acte ne seront pas de nature à modifier l'état des personnes et ne pourront avoir d'autre résultat que de rendre l'acte même plus correct.

Lorsque les registres de l'état civil contenant une reconnaissance auront été perdus ou détruits, n'y aura-t-il d'autre moyen d'y suppléer qu'une action en recherche proprement dite ou, au contraire, l'art. 46 pourra-t-il être invoqué? Ce point est l'objet d'une vive controverse, qui se place naturellement sous l'art. 46, et dans les détails de laquelle nous n'entrerons pas. Disons seulement que l'art. 46 nous paraît n'être qu'une application du principe général et fort équitable consacré par l'art. 1348, et par conséquent avoir introduit le bénéfice de son mode de preuve exceptionnel, non-seulement pour les cas où il s'agira des mariages, naissances et décès, mais encore pour ceux où il s'agira de tous autres actes qui s'inscrivent sur les registres de l'état civil, actes beaucoup moins fréquents, et que pour cette cause il n'est pas étonnant de ne pas trouver énoncés dans le texte de l'article. Nous croyons donc que, lorsqu'on sera dans l'hypothèse de perte ou de destruction qu'il prévoit, il ne sera pas nécessaire de recourir à une action en recherche proprement dite, d'aller se heurter contre l'art. 340 ou de subir l'art. 341. Remarquons que la faculté conférée aux juges par l'art. 46 d'apprécier, même en présence de ce fait, si grave déjà, de la perte ou de la destruction des registres, s'ils doivent admettre la preuve testimoniale toute seule ou exiger des preuves écrites, obvie suffisamment aux dangers signalés par les adversaires de cette doctrine.

Celui dont la filiation est déjà constatée par une décision judiciaire peut se trouver dans la nécessité d'en demander aux tribunaux une nouvelle constatation. Cette proposition se justifie par les principes qui régissent l'autorité de la chose jugée. Sans doute, l'enfant qui s'est fait déclarer le fils d'une certaine femme n'aura plus besoin de rechercher sa filiation contre cette femme, mais il pourra avoir besoin de la rechercher encore contre des personnes qui, n'ayant pas été mises en cause lors de l'instance dirigée contre la mère et n'y ayant pas été représentées par elle, auraient intérêt à invoquer la maxime : *Res inter alios judicata aliis non nocet,* comme un donataire ou un légataire de cette mère.

Nous n'admettons pas, en effet, la théorie *des légitimes représentants,* d'après laquelle, en matière de questions d'état, le jugement rendu contre le principal intéressé le serait en même temps contre tous les autres, représentés de plein droit dans l'instance par ce principal intéressé. Il n'est pas douteux que les jugements *constitutifs* de l'état des personnes aient à l'égard de tous l'autorité de la chose jugée, lorsqu'ils modifient pour l'avenir l'état ou la capacité, comme ceux qui prononcent une séparation de corps ou une interdiction, parce qu'alors il s'agit d'un véritable acte de la puissance publique. Mais quant aux jugements purement *déclaratifs*, quelque désir qu'on puisse avoir de les soustraire à l'application des règles ordinaires sur l'autorité de la chose jugée, nous ne voyons pas par quel moyen on y pourrait arriver dans l'état actuel de notre législation.

L'enfant qui invoque un titre, reconnaissance ou jugement, et auquel on nie que ce titre s'applique à lui, est-il obligé de recourir pour prouver son identité à une véritable action en recherche ? Nous ne le croyons pas. L'existence d'un titre établit que tel individu a eu un enfant, et cette circonstance modifie gravement la situation. Si, pour protéger la personne qui méconnaît avoir eu un enfant, on a cru devoir formuler les dispositions rigoureuses des art. 340 et 341, il n'y avait pas même raison d'en appliquer le bénéfice à celle qui a eu un enfant certainement. Bien entendu, nous supposons que le titre invoqué n'est pas neutralisé par un acte de décès.

Nous arrivons à une question très-controversée, celle de savoir si un enfant naturel qui peut invoquer une possession d'état est obligé d'intenter une action en recherche. D'après une opinion neuve encore, mais très-respectable, à cause de l'autorité de ceux qui la professent, l'enfant naturel qui peut invoquer une possession d'état n'a pas à rechercher la preuve de sa filiation, parce qu'il l'a déjà; si on lui conteste sa qualité, il faudra bien sans doute qu'il demande aux tribunaux la constatation de sa possession d'état; mais en cela, comme l'enfant reconnu auquel on contesterait sa qualité et qui produirait l'acte de reconnaissance, il ne fera que produire sa preuve. Les arguments de cette doctrine peuvent être résumés en ces termes : il est certain que le chapitre III du titre de la paternité et de la filiation est insuffisant et qu'il faut le compléter par des dispositions empruntées au chapitre II, consacré à la filiation légitime; de ce que l'article 320, qui érige la possession d'état en preuve de la filiation, est placé dans ce chapitre II, on ne peut donc pas conclure qu'il ne soit pas applicable à la filiation naturelle. Au contraire, le législateur a entendu que le principe consacré par cet article serait applicable à la filiation naturelle aussi bien qu'à la filiation légitime; son intention à cet égard a été clairement manifestée lors des travaux préparatoires. La possession d'état n'est-elle pas, en effet, la preuve première de l'état des hommes? Et si cette preuve est forte lorsqu'il s'agit de la filiation légitime, combien ne l'est-elle pas davantage lorsqu'il s'agit de la filiation naturelle, la maternité ou la paternité naturelle étant dans nos mœurs un fait honteux? — Nous répondons : s'il est incontestable que le chapitre III soit incomplet, et que pour le compléter il faille y transporter certaines dispositions du chapitre II, cela est impossible pour une disposition dont le texte y résiste; le texte de l'article 320 nous paraît être dans cette condition ; il ne porte pas en effet qu'à défaut de titre *la possession d'état d'enfant suffit;* il précise, et qualifie l'enfant dont la possession d'état pourra suffire; c'est l'enfant légitime : « *à défaut de titre, dit-il, la possession constante de l'état d'enfant légitime suffit.* » Les travaux préparatoires ne montrent nullement que le principe consacré par l'art. 320 était, dans la pensée du législateur, applicable à la filiation naturelle; bien au contraire; voici, en effet, ce qui se passa : lors de la rédaction de l'art. 341 on proposa de considérer la possession d'état comme l'équivalent d'un commencement de preuve par écrit, ce qui prouve déjà qu'en rédigeant l'art. 320 on n'avait pas songé à la filiation naturelle; la proposition fut rejetée, non pas sur cette observation de M. Portalis, « qu'il serait absurde de présenter la possession constante comme un simple commencement de preuve, cette sorte de possession étant la plus complète de toutes les preuves », mais immédiatement à la suite de celle faite par M. Berlier qui, parlant dans le Conseil après M. Portalis, expliqua qu'il fallait absolument maintenir dans l'article 341 les mots de *preuve par écrit*, et mettre ainsi une différence *entre ce cas et celui de la filiation légitime*. Quant à cette considération que la possession est la preuve première de l'état des hommes, nous reconnaissons volontiers son exactitude; mais nous faisons remarquer que, si la possession a été la première preuve de l'état des hommes, elle n'en a certainement pas été considérée comme la meilleure par le législateur, puisqu'il lui a substitué un système de preuves régulières, et ne l'a admise que comme un subsidiaire; « à défaut de titre, » dit l'article 320. Que cette preuve subsidiaire ait été conservée en matière de filiation légitime, cela s'explique par des motifs qu'on ne retrouve plus lorsqu'il s'agit de la filiation naturelle; attribuer à un individu une paternité ou une maternité légitime, c'est lui attribuer un fait honorable, tandis que lui attribuer une paternité ou une maternité naturelle, c'est lui attribuer un fait déshonorant dans nos mœurs; on pouvait donc se montrer moins difficile pour la preuve de la filiation légitime que pour celle de la filiation naturelle; et c'est aussi ce qu'on a voulu faire; ceci est rendu manifeste par la comparaison des art. 323 et 341; nous voyons en cas de recherche de la preuve de la filiation légitime l'art. 323 admettre comme équivalent d'un commencement de preuve par écrit des présomptions ou indices résultant de faits dès lors constants, et l'art. 341 refuser cet équivalent à celui qui recherche la paternité ou la maternité na-

turelles. D'ailleurs, la possession d'état d'enfant
légitime ne se présente-t-elle pas avec des caractères
plus complets que la possession d'état d'enfant naturel? Établir une possession d'état d'enfant légitime,
c'est établir une possession relative à deux fa-
milles, à deux personnes tout au moins, le mari et
la femme, dont les aveux se sont réciproquement
corroborés; au contraire, établir une possession
d'état d'enfant naturel, ce ne serait qu'établir une
possession relative à une seule personne. Nos adversaires font observer qu'en revanche les aveux
que comporte une possession d'état d'enfant naturel
sont plus significatifs que les aveux constituant une
possession d'état d'enfant légitime, à cause de la
honte infligée par nos mœurs à la paternité ou à la
maternité naturelle, honte qui en rend la confession
très-pénible, et empêche qu'elle ne soit faite légèrement; mais aussi, et par cela même que nos mœurs
attachent de la honte à la procréation d'un enfant
naturel, ne peut-il pas arriver que pour sauver une
jeune fille de cette honte on détermine une autre
femme à l'accepter et à donner ainsi à un enfant une
possession d'état mensongère? Ajoutons que les scandales, auxquels on ne s'est résigné en cas de recherche proprement dite que si la demande, en jus-
tifiant d'un commencement de preuve par écrit, se
présentait avec chance de succès, se reproduiraient
presque les mêmes et *de plano* dans cette instance
tendant à la constatation de la possession d'état

d'enfant naturel; d'autant mieux qu'à cause de l'insuffisance des caractères de cette possession, plus facilement que s'il s'agissait d'une possession d'état d'enfant légitime, le procès dégénérerait en une véritable
tentative de recherche. Cette dernière considération
a frappé plusieurs auteurs, d'après lesquels la possession d'état pourrait faire preuve de la filiation
naturelle à l'égard de la mère, mais non à l'égard
du père; ils se refusent à l'admission *de plano* de la
preuve testimoniale tendant à établir une possession
d'état à l'égard d'un homme. Ce moyen terme est
impossible; sur quel fondement, en effet, repose sa
distinction, si ce n'est sur l'art. 340? Mais invoquer
l'art. 340, c'est se placer dans l'hypothèse d'une recherche, se condamner par conséquent à invoquer
avec l'art. 340 l'art. 341, se heurter contre la nécessité d'un commencement de preuve par écrit imposé
par cet article, c'est-à-dire avouer qu'à l'égard de la
mère, comme à l'égard du père, la possession d'état
peut seulement figurer comme moyen à l'appui d'une
recherche. Il faut donc nécessairement choisir entre
l'opinion d'après laquelle la possession d'état fait
preuve de la filiation tant à l'égard du père qu'à
l'égard de la mère, et celle d'après laquelle elle ne
fait preuve ni à l'égard du père, ni à l'égard de la
mère. Nous espérons avoir suffisamment justifié notre
choix de cette dernière; et ce sera sans doute faire
du superflu que signaler ici certaines conséquences
de la doctrine de nos adversaires, conséquences qu'ils

n'admettraient peut-être pas, mais qu'ils ne sauraient repousser sans déserter leur système : supposons qu'un individu ayant la possession d'état d'enfant naturel d'un homme et d'une femme, cet homme et cette femme se marient sans le reconnaître; pourra-t-il plus tard, en faisant constater sa possession d'état acquise dès avant le mariage, prétendre qu'il a été légitimé par ce mariage? Pour demeurer conséquents, il faudrait que nos adversaires pussent répondre affirmativement; car, s'il était vrai que dès qu'il y aurait possession acquise de l'état d'enfant naturel, il y eût aux yeux de la loi preuve suffisante et complète de la filiation, comment la loi se refuserait-elle à admettre la légitimation dans l'espèce? Eh bien, nos adversaires ne pourraient répondre affirmativement qu'en violant le texte de l'art. 331, aux termes duquel les enfants nés hors mariage ne pourront être légitimés par le mariage subséquent de leurs père et mère que lorsque ceux-ci *les auront légalement reconnus avant leur mariage, ou qu'ils les reconnaîtront dans l'acte même de célébration.* Un autre résultat nécessaire, il nous semble, de la doctrine de nos adversaires serait que, là où se rencontrerait une possession acquise de l'état d'enfant adultérin ou incestueux, il y aurait pour celui au profit de qui elle existerait preuve d'une filiation adultérine ou incestueuse, preuve qu'il pourrait invoquer à l'effet de réclamer des aliments, et dont on ne saurait lui refuser la simple constatation judiciaire, car l'art. 342 ne prohibe que la recherche. Dans l'état actuel de notre législation, il nous paraît donc impossible deux fois pour une d'admettre que pour la filiation naturelle, comme pour la filiation légitime, il y ait dans la possession d'état un troisième mode de preuve; et c'est avec grande raison, croyons-nous, qu'en divisant nos explications sur les preuves de la filiation naturelle simple, nous avons déclaré qu'il n'y avait de cette filiation que deux modes de preuve, la reconnaissance volontaire et la déclaration judiciaire faisant triompher une action en recherche. Ainsi, l'enfant naturel pourvu de la possession d'état la plus complète aurait encore besoin, pour obtenir une preuve légale de sa filiation, de se soumettre aux conditions d'une recherche proprement dite.

Remarquons ici, comme corollaire de la théorie que nous venons d'établir sur cette question de la possession d'état, qu'on ne peut pas appliquer à la filiation naturelle l'article 322, aux termes duquel « nul ne peut réclamer un état contraire à celui que lui donnent son titre de naissance et la possession conforme à ce titre; et réciproquement, nul ne peut contester l'état de celui qui a une possession conforme à son titre de naissance. » Ce n'est évidemment qu'à la réunion des deux preuves complètes, la preuve complète résultant du titre, et la preuve complète résultant de la possession, que la loi accorde de former une preuve inattaquable. Or, en matière de filiation naturelle, puisqu'il n'y a pas de preuve complète résultant de la possession d'état, il est impossible de rencontrer cette réunion des deux preuves complètes. On pourrait ajouter que la place occupée par l'article 322, qui se trouve au chapitre des preuves de la filiation légitime, si elle n'est pas à elle seule une circonstance suffisante pour faire refuser l'application de cet article à la filiation naturelle, devient très-significative lorsqu'on voit, d'une part, le texte même de l'article ne se référer qu'à la filiation légitime, puisqu'il parle du *titre de naissance*, et que pour l'enfant légitime seul le titre de naissance est le titre de filiation ; d'autre part, l'art. 339 déclarer en termes très-absolus et ne comportant aucune distinction, que toute reconnaissance pourra être contestée.

§ II. — *De ceux qui peuvent intenter l'action en recherche de paternité ou de maternité naturelles.*

Les personnes qui peuvent rechercher la paternité ou la maternité naturelles sont : l'enfant et ses descendants.

Ces derniers ont ce droit de recherche de leur propre chef ; d'où ces conséquences : qu'ils peuvent l'exercer après la mort de leur auteur, alors même qu'ils ont renoncé à sa succession, et qu'ils le pourraient du vivant même de cet auteur.

Nous ne parlons que des descendants légitimes ;

pour eux seuls en effet, l'action en recherche a un objet; si elle triomphe, elle établira un rapport de parenté qui sera la base d'une obligation alimentaire réciproque et de la vocation héréditaire établie par l'art. 759. Pour des descendants naturels la communication du nom serait le seul résultat d'une action en recherche couronnée de succès, et nous avons déjà dit que le nom, qui ne sert qu'à indiquer les liens de famille, n'est rien en droit s'il n'indique rien.

Les héritiers ou successeurs d'une personne à laquelle appartenait le droit de rechercher la paternité ou la maternité naturelles ne recueillent pas, croyons-nous, ce droit dans sa succession; pour ces héritiers ou successeurs, il pourrait bien y avoir intérêt à intenter l'action, mais il n'y aurait pas d'objet, l'objet indispensable de toute action en recherche étant la constatation d'un rapport de parenté. Les articles 329 et 330, qui permettent dans certains cas la recherche de la preuve de la filiation légitime à ceux qui n'ont d'autre qualité que celle d'héritiers de la personne du chef de laquelle existe le droit, nous paraissent être une dérogation aux principes, qu'on ne doit pas transporter de la filiation légitime à la filiation naturelle, surtout en présence de cette considération que le législateur ne manquait pas de motifs pour être moins favorable à l'action en recherche en matière de filiation naturelle qu'en matière de filiation légitime.

Quant aux créanciers, nous pensons qu'ils ne pourraient, au nom de leur débiteur, soulever une question de filiation, ni même intervenir dans l'instance par lui engagée sur ce point; le caractère moral de l'action nous paraît devoir la faire ranger parmi celles que l'art. 1166 excepte comme exclusivement attachées à la personne.

L'individu à l'égard duquel existe déjà la constatation d'une filiation, soit naturelle soit légitime, n'est pas pour cela privé du droit de poursuivre la constatation d'une filiation différente, à moins cependant que la constatation déjà existante ne soit celle d'une filiation légitime établie par un titre de naissance et une possession d'état conforme (V. art. 322). Et ce droit de poursuivre la constatation d'une nouvelle filiation, il peut en user alors même que la constatation précédente serait le résultat d'une instance par lui introduite, car il n'a pu renoncer d'aucune manière à réclamer son état véritable.

Nous verrons que l'enfant adultérin ou incestueux est déclaré par la loi incapable de rechercher la preuve de sa filiation.

Une autre personne pouvant, à la place de l'enfant, apprécier le plus ou moins d'opportunité, les chances de succès d'une action en recherche, et cette action en recherche ne nécessitant pas, comme la reconnaissance, la notion intime et essentiellement personnelle d'un certain fait, nous ne voyons pas de raison pour soustraire l'action en recherche de la paternité ou de la maternité naturelles aux règles de la tutelle concernant les autres actions; d'où ces conséquences : que si l'enfant est mineur non émancipé ou interdit, ce sera son tuteur qui procédera pour lui; que le mineur émancipé devra agir avec l'assistance de son curateur; l'individu pourvu d'un conseil judiciaire avec celle de ce conseil; la femme mariée avec l'autorisation de son mari ou de justice.

Un étranger pourrait certainement intenter devant les tribunaux français une action en recherche de paternité ou de maternité contre une personne française; mais si l'action était dirigée contre une personne également étrangère, elle pourrait être repoussée par l'exception d'incompétence.

Quelqu'un peut-il rechercher la preuve de la filiation naturelle contre l'enfant? Ainsi, l'héritier légitime d'une personne qui a fait des libéralités à une autre serait-il recevable à prouver que cette dernière est l'enfant naturel de l'auteur des libéralités, à l'effet de les faire réduire comme excessives? Nous croyons devoir répondre négativement. Les textes qui parlent de la recherche de la paternité ou de la maternité naturelles ne mettent en scène que l'enfant; si le premier alinéa de l'art. 341 nous dit, d'une manière générale, que *la recherche de la maternité est admise*, ces termes absolus sont immédiatement corrigés par ceux du second alinéa : *l'enfant qui réclamera sa mère;* l'article suivant, prohibant la recherche dans certains cas, ne se préoccupe que des prétentions de l'enfant : *Un enfant ne sera jamais admis à la recherche,* etc. ; l'art. 339, consacrant pour tous intéressés le droit de contredire, ne prévoit qu'une action intentée par l'enfant : *Toute réclamation de la part de l'enfant pourra être contestée,* etc. Les partisans de l'affirmative argumentent de ces mots de l'art. 340 : *Sur la demande des parties intéressées;* suivant eux, si le droit de recherche n'existait pas contre l'enfant, ce pluriel serait inexplicable. Il nous paraît s'expliquer fort bien par cette simple considération que le droit de recherche appartient non-seulement à l'enfant, mais aussi à ses descendants. L'examen des travaux préparatoires démontre que les rédacteurs de l'art. 340 n'ont nullement songé aux tiers; leur pensée ne s'est portée que sur l'enfant, et la mère, à laquelle seulement on voulait d'abord donner une action en dommages-intérêts, sans accorder à l'enfant d'action en recherche de la paternité. Nous avons vu qu'il fallait refuser aux créanciers le droit de rechercher la preuve de la filiation naturelle au nom de l'enfant, à cause du caractère exclusivement personnel de l'action; comprendrait-on, dès lors, que cette action pût être exercée contre l'enfant, que malgré sa résistance et ses protestations on fît constater à son égard une certaine filiation? Il est vrai que refuser à un héritier légitime le droit de faire déclarer enfant naturel de l'auteur des libéralités celui qui les a reçues, c'est le priver du moyen de faire réduire ces libéralités à la portion que peut recueillir un enfant naturel. Nos adversaires se font de cette considération un argument capital : Que deviendront, disent-ils, les incapacités que, pour l'honneur et dans l'intérêt du mariage, la loi a dû prononcer contre l'enfant naturel, si, pour les pouvoir éluder, il suffit de ne pas le reconnaître? — Nous répondons que cette considération se représente avec plus de force encore lorsqu'il s'agit d'un enfant adultérin ou incestueux, moins favorisé par la loi que l'enfant naturel simple ; et que cependant elle n'a pas empêché le législateur de proscrire toute constatation de la filiation adultérine ou incestueuse. Qu'est-ce à dire, sinon que le législateur s'est placé à un autre point de vue que nos adversaires, et que pour lui les questions d'argent ont ici disparu? A tort ou à raison, il a cru aux sentiments moraux de l'homme et s'est montré spiritualiste; il a pensé que la privation d'un rapport légal de filiation serait plus douloureuse, et, dès lors, plus efficace pour l'honneur et dans l'intérêt du mariage, qu'une privation d'argent ; en cas de filiation incestueuse ou adultérine, il a imposé la première privation; en cas de filiation naturelle simple, il a laissé le choix entre les deux. Si l'auteur et l'enfant s'infligent la plus pénible, loin qu'on puisse les considérer comme contrevenant à la pensée de la loi au sujet du mariage, il faudrait plutôt dire qu'ils exagèrent cette pensée en allant, pour eux-mêmes, jusqu'à une rigueur devant laquelle la loi, par indulgence, s'est arrêtée. Enfin, un procès en recherche de paternité ou de maternité naturelles est nécessairement une cause de scandale; que le scandale soit toléré lorsque l'action a pour objet l'état de l'enfant par lui réclamé, cela s'explique; mais la même tolérance ne s'expliquerait plus si elle était appliquée au profit d'adversaires de l'enfant n'ayant pas à la constatation de sa filiation le même intérêt que lui.

§ III. — *Des conditions de l'action en recherche de paternité ou de maternité naturelles.*

Les conditions sous lesquelles est permise la recherche de la preuve de la filiation naturelle sont différentes suivant qu'il s'agit de la paternité ou de la maternité. La paternité étant un fait naturellement mystérieux, on en a rendu la recherche presque inabordable; les circonstances qui autorisent cette recherche sont assez exceptionnelles pour qu'on ait pu formuler, dans l'art. 340, cette règle générale : « La recherche de la paternité est interdite. » Au contraire, la maternité se révèle par des faits extérieurs et positifs, la grossesse et l'accouchement; aussi la recherche en est-elle moins difficilement autorisée, et l'art. 341 pose-t-il en règle que « la recherche de la maternité est admise. »

Parlons d'abord de cette dernière.

L'enfant qui prétend qu'une certaine femme est sa mère doit prouver : que cette femme est accouchée, et qu'il est l'enfant dont elle est accouchée.

Y a-t-il, au point de vue de la preuve à fournir, un ordre de priorité entre ces deux faits? Faut-il, pour qu'on soit admis à prouver l'identité, qu'un premier jugement ait déclaré l'accouchement? Non; l'art. 341 a soin de présenter les deux faits comme devant faire l'objet d'un débat complexe, mais non divisé; et c'est avec grande raison; on devait, en effet, ne pas placer les juges dans la nécessité de flétrir l'honneur d'une femme par une déclaration abstraite d'accouchement, qui eût pu être ensuite démontrée inutile par l'insuffisance des moyens relatifs à l'identité.

La condition sous laquelle l'enfant est reçu à faire sa preuve complexe est celle d'un commencement de preuve par écrit. L'exigence de ce préalable est suffisamment justifiée par la gravité de l'action. Bien qu'au point de vue pécuniaire ses conséquences possibles soient beaucoup moins considérables que celles d'une recherche de preuve de la filiation légitime, le législateur, à cause du caractère déshonorant du fait imputé, s'est montré, pour la recherche de la preuve de la filiation naturelle, plus rigoureux encore que pour celle de la preuve de la filiation légitime, en ne répétant pas dans l'art. 341 la disposition de l'art. 323, aux termes de laquelle des présomptions ou indices graves résultant de faits dès lors constants équivalent à un commencement de preuve par écrit.

Nous croyons que le commencement de preuve par écrit exigé par l'art. 341 est le même que celui dont parle l'art. 324, et non celui de l'art. 1347. Le texte gardant le silence, il faut se décider par analogie; or, l'analogie est évidemment plus grande entre le chapitre III et le chapitre II de ce titre qu'entre ce chapitre III et les règles du titre des Contrats; il nous semble naturel de penser que, demandant deux fois dans un titre spécial un commencement de preuve par écrit, on a voulu demander deux fois le même commencement de preuve. D'ailleurs, les rédacteurs, à l'époque où ils ont adopté l'art. 341, se référaient nécessairement à l'art. 324, puisque l'art. 1347 n'existait pas encore.

Un doute s'est élevé sur le point de savoir si de simples lettres missives pourraient servir de commencement de preuve par écrit. Nous pensons que ce doute doit être écarté en présence des termes si larges dont se sert l'art. 324.

Il nous paraît certain que l'indication d'une certaine femme comme mère, faite dans l'acte de naissance par le père, ne servirait pas contre cette femme de commencement de preuve par écrit, le père ne pouvant être considéré comme ayant un intérêt contraire à celui de l'enfant réclamant sa mère.

C'est tout à la fois et sur le fait de l'accouchement et sur le fait de l'identité que doit porter le commencement de preuve; pour commencer à établir un fait complexe, il faut commencer à établir les deux éléments dont il se compose.

Mais, bien entendu, il n'est pas nécessaire que ce soit le même écrit qui commence à prouver l'accouchement et l'identité; tout ce que veut la loi, c'est qu'on commence à prouver par écrit les deux faits.

Évidemment aussi, les magistrats pourraient voir un commencement de preuve dans la réunion de plusieurs pièces dont chacune isolément serait insuffisante.

Rencontrer comme commencement de preuve par écrit de l'identité un écrit tel qu'il témoigne par lui-même ne pouvoir s'appliquer qu'à celui qui le présente sera chose assez difficile; il faudra pour cela que l'écrit contienne le signalement du réclamant, ou du moins l'indication de quelque particularité physique retrouvée sur sa personne. Est-ce à dire qu'aucun autre écrit ne pourra servir de commencement de preuve de l'identité, et qu'ainsi la faculté de rechercher la maternité ait été limitée par la loi à des hypothèses presque chimériques? Nous ne saurions le croire; nous pensons que, lorsque l'écrit ne témoignera pas par lui-même ne pouvoir s'appliquer qu'au réclamant, celui-ci sera admis à établir par tous moyens les faits à lui relatifs dont la concordance avec les énonciations de l'écrit démontrera qu'effectivement c'est à lui que cet écrit s'applique. Voilà sans doute la preuve testimoniale admise *de plano*; mais nous ne sommes plus dans l'hypothèse prévue par l'art. 341, celle d'une preuve directe d'identité du réclamant avec l'enfant dont la prétendue mère serait accouchée; il ne s'agit ici que d'établir une relation entre le réclamant et l'écrit par lui présenté.

On a pensé qu'à défaut de commencement de preuve par écrit le réclamant pouvait déférer à sa prétendue mère le serment décisoire. Nous ne partageons pas cette opinion; et pour la repousser il nous suffit de nous rappeler que la délation du serment décisoire est considérée comme l'offre d'une véritable transaction, et qu'il n'y a pas de transaction possible sur l'état des personnes.

Quand le réclamant aura fourni le commencement de preuve par écrit exigé, il sera admis à compléter sa preuve, non-seulement par témoins, mais aussi par présomptions. (V. art. 1353.)

Passons à la recherche de la paternité.

Aux termes de l'art. 340, cette recherche n'est permise que dans le cas d'enlèvement et lorsque l'époque de cet enlèvement se rapporte à celle de la conception.

L'enlèvement, fait extérieur susceptible d'une preuve certaine, commandait une exception à la prohibition formulée par le premier alinéa de l'art. 340.

Comme il importe peu, au point de vue de l'induction à en tirer relativement à la paternité, que l'enlèvement tombe ou non sous le coup de la justice répressive, ce n'est pas seulement de l'enlèvement prévu par la loi pénale qu'il s'agit ici ; le mot est pris dans son acception générique, et dans cette acception on considère comme ayant commis un enlèvement l'homme qui, par violence, fraude ou séduction, a détourné une femme pour abuser d'elle. L'âge de la femme est indifférent. Remarquons qu'il n'est pas nécessaire, pour qu'une femme soit en état d'enlèvement, qu'elle soit tenue en chartre privée.

On a douté que le viol dût être assimilé à l'enlèvement. Ce doute nous paraît devoir être écarté ; si, dans le viol, il n'y a pas déplacement de la personne, toujours est-il que pendant l'accomplissement du crime elle est enlevée à elle-même, en sorte qu'on a pu dire avec exactitude que le viol était un enlèvement momentané. Ajoutons que le viol aura sur l'enlèvement cet avantage, qu'il fournira la preuve positive du rapprochement, que l'enlèvement ne peut, après tout, que faire présumer.

Pour déterminer si l'époque de l'enlèvement se rapporte à celle de la conception, on devra naturellement avoir recours aux présomptions établies par les articles 312, 314 et 315 ; si donc l'enlèvement ne se plaçait pas, au moins pour quelque partie de sa durée, pendant la période dans laquelle ces articles

renferment la possibilité de la conception, il n'auto-
riserait pas la recherche de la paternité.

L'enlèvement et la coïncidence de cet enlèvement
avec l'époque de la conception établis, l'enfant qui
recherche la paternité peut, comme celui qui recherche la maternité et qui a fourni le commencement de preuve par écrit, compléter sa preuve par
tous moyens. Les mœurs de la femme enlevée, sa
plus ou moins grande liberté pendant l'enlèvement, la
conduite du ravisseur après la naissance de l'enfant,
telles sont les circonstances sur lesquelles l'attention
des juges sera fixée tout d'abord.

D'après la disposition de l'article 339, de même
que tous intéressés peuvent attaquer une reconnaissance, de même tous intéressés, soit moralement,
soit pécuniairement, peuvent se poser en adversaires
de l'enfant qui recherche la preuve de sa filiation
paternelle ou maternelle.

Bien entendu, tous moyens de défense sont à la
disposition des adversaires du réclamant.

Il nous reste à examiner si les articles 326 et 327
sont applicables lorsqu'il s'agit de la filiation naturelle. Que ces articles soient applicables à la recherche de la maternité, cela nous paraît ne devoir pas
faire de doute, puisque pour cette recherche, comme
pour celle relative à la filiation légitime, un commencement de preuve par écrit est nécessaire. Nous
croyons aussi que l'article 326 est applicable à la
recherche de la paternité; sans doute, cette re-

cherche ne nécessite pas de commencement de preuve par écrit; mais le texte de l'article 326 est absolu, et d'autres considérations que celle de la nécessité du commencement de preuve par écrit peuvent avoir déterminé le législateur à rendre la compétence des tribunaux civils exclusive en matière de réclamation d'état. Mais nous ne croyons pas qu'on doive appliquer l'article 327 à l'enlèvement qui autorise la recherche de la paternité, parce que la décision criminelle qui admettrait le fait d'enlèvement n'aurait pas pour résultat de préjuger la question de filiation.

§ IV. — *Du temps pendant lequel l'action en recherche de la paternité ou de la maternité naturelles est possible.*

L'action en recherche de la preuve de la filiation naturelle étant concentrée entre les mains de ceux qui ont leur état à réclamer, et l'état des personnes ne pouvant être atteint par aucune prescription, cette action est toujours imprescriptible; l'article 328 est applicable à la filiation naturelle aussi bien qu'à la filiation légitime, et les principes commandent impérieusement de considérer le mot *enfant*, employé par cet article, comme pris dans son sens générique, et comme ne désignant pas seulement l'enfant au premier degré.

Lors des discussions préparatoires, on avait proposé de paralyser l'exercice de l'action en recherche de la maternité naturelle au profit « d'une femme actuellement mariée avec un autre individu que celui dont le réclamant se prétendrait le fils, et mère d'autres enfants. » Il fut répondu « que les ménagements dus à la mère ne devaient pas aller jusqu'à refuser à l'enfant la faculté de faire preuve d'un état qui lui était acquis, » et la proposition n'eut pas de suite. Il est donc certain que l'action peut être exercée aussi bien pendant le mariage de l'auteur prétendu, alors même que cet auteur est une femme, qu'avant la célébration de ce mariage ou après sa dissolution.

Mais l'action en recherche ainsi exercée contre une personne mariée produira-t-elle, si elle triomphe, des effets aussi étendus que l'action en recherche exercée contre une personne non mariée? Faudra-t-il, au contraire, appliquer à la déclaration judiciaire ainsi obtenue la disposition que l'article 337 formule pour la reconnaissance? Nous croyons que l'article 337 n'est pas ici applicable; et les seules considérations qui nous déterminent sont les deux suivantes : d'abord, le texte de l'article ne parle que de la reconnaissance; ensuite, son motif est particulier à ce cas de reconnaissance; en effet, le désir d'atténuer, dans l'intérêt de la paix du ménage, la mauvaise humeur de l'époux qui vient à voir son conjoint auteur légalement connu d'un enfant naturel n'eût pas suffi pour faire introduire la restriction de l'article 337, puisque, si tel était le suffisant motif de cet article, on devrait l'appliquer à la reconnaissance faite avant le mariage et connue du conjoint seulement après la célébration, ce qu'on ne fait pas; il a fallu, pour motiver l'article, le désir d'atténuer le ressentiment causé par cette déloyale combinaison : attendre jusqu'après la célébration pour faire une reconnaissance qui, faite avant, pourrait être connue et nuire à la conclusion du mariage; or, lorsque la constatation de la filiation est le résultat d'une action en recherche combattue autant que possible, il n'y a pas lieu de craindre le ressentiment causé par une combinaison dont rien n'autorise à supposer l'existence.

L'état d'une personne étant inaliénable, l'action en réclamation d'état d'enfant naturel ne peut pas plus être éteinte par renonciation que par prescription; d'où il suit : qu'elle serait recevable malgré un aveu contraire fait par l'enfant, qu'elle ne pourrait être l'objet d'une transaction (art. 2045), ni d'un compromis (art. 1004 C. proc.), ni d'un désistement portant sur le fond du droit, et que le seul acquiescement possible au jugement qui aurait statué sur la réclamation serait l'acquiescement tacite résultant du silence gardé jusqu'à l'expiration du délai d'appel.

Bien entendu, ce que nous venons de dire de l'action tendant à réclamer l'état lui-même n'est pas applicable aux actions tendant à réclamer les droits pécuniaires qui en dérivent, lesquelles, comme ces droits, demeurent prescriptibles et susceptibles de conventions. La loi paraît même favoriser les arrangements relatifs au règlement de ces intérêts pécuniaires (V. art. 761).

CHAPITRE II

De la preuve de la filiation adultérine ou incestueuse.

Nous avons déjà dit que le législateur, suivant en cela nos mœurs, avait réprouvé l'adultère et l'inceste, et que, pour en épargner à la société la scandaleuse révélation, loin d'organiser pour la filiation adultérine ou incestueuse, comme pour la filiation naturelle simple, un système de preuves, il en avait prohibé toute constatation directe, cette filiation ne pouvant être constatée que par contre-coup, et par suite de la nécessité de sauvegarder des intérêts majeurs.

Nous croyons superflu d'insister sur ces idées : que c'est à l'époque de la conception qu'il faut se reporter pour savoir si un enfant est adultérin ou incestueux; que les présomptions des art. 312, 314 et 315 doivent être ici appliquées pour déterminer l'époque de la conception, et qu'elles doivent l'être d'une manière favorable à l'enfant.

La prohibition de toute constatation directe de la filiation adultérine ou incestueuse est formulée par l'art. 335 à l'égard de la reconnaissance, et par l'art. 342 à l'égard de la recherche.

Examinons ce qui se rattache à chacune de ces deux dispositions.

L'art. 335, au premier abord, paraît n'être susceptible d'aucune controverse. Il déclare qu'il n'y a pas de reconnaissance possible ; si donc une reconnaissance a eu lieu en fait, cette reconnaissance, impossible en droit, est en droit inexistante ; telle est la conclusion qui se présente naturellement à la pensée. Tout le monde, cependant, n'est pas de cet avis ; on a dit que la loi ne prononçait pas la nullité de la reconnaissance ; puis on s'est partagé sur les résultats de cette reconnaissance : les uns voulant qu'elle produisît effet à la fois pour et contre l'enfant, les autres qu'elle ne produisît effet que contre l'enfant et non pas pour lui, d'autres enfin qu'elle ne produisît effet que pour lui et non pas contre lui. Voici pourquoi nous rejetons toutes ces opinions : s'il est vrai que la formule employée par l'art. 335 ne soit pas par elle-même nécessairement irritante, elle doit être considérée comme telle lorsqu'autrement le but que s'est proposé le législateur serait manqué. Ce but a été de proscrire toute constatation légale d'une filiation adultérine ou incestueuse et d'éviter le scandale qui en serait la conséquence. Eh bien, ne pas déclarer nulle la reconnaissance, ce serait rendre la prohibition à peu près illusoire, l'officier public ne pouvant avoir, surtout dans les grandes

villes, des renseignements précis sur chaque personne; ce serait ouvrir la porte aux scandales qu'on
a voulu prévenir, car l'enfant, désormais fort d'une
constatation acquise, la produirait au grand jour
lorsqu'il aurait à en réclamer les bénéfices. La
logique suffirait donc ici pour nous éclairer sur l'intention du législateur, et pourrait rendre superflue la
citation de ces paroles prononcées par M. Duveyrier
devant le Corps législatif : « Cette reconnaissance
sera impossible s'il faut l'appuyer sur l'inceste ou
sur l'adultère; l'officier public ne la recevra pas; et
si, malgré lui, l'acte contient le vice qui l'infecte,
cette reconnaissance nulle.., etc. »

Si dans un même acte se trouvaient une libéralité
faite au profit d'un individu et une reconnaissance
tendant à imprimer à cet individu la qualité d'enfant
adultérin ou incestueux de l'auteur de la libéralité,
cette reconnaissance n'aurait-elle pas du moins pour
résultat de rendre nulle la libéralité? Nous ne le
croyons pas; en effet, puisque la reconnaissance n'é-
tablit rien quant à la filiation, elle ne peut donc pas
rendre celui auquel elle s'applique incapable de recevoir comme enfant adultérin ou incestueux; et,
alors même qu'elle serait présentée comme la cause
de la libéralité, elle ne la vicierait pas davantage,
puisque, ainsi que nous avons déjà eu occasion de le
dire, la seule et suffisante cause de toute libéralité,
c'est l'intention de donner. Bien entendu, il en serait
autrement s'il s'agissait, non plus d'une libéralité,
mais d'une obligation (art. 1131).

Si un homme et une femme ont reconnu un enfant par un même acte, et si l'un des deux était marié au moment de la conception, sa reconnaissance nulle ne viciera pas l'autre; nous ne voyons pas comment une énonciation qui n'établit rien pourrait produire quelque effet. *A fortiori*, considérons-nous comme ne portant aucune atteinte à la validité d'une reconnaissance, l'indication faite par l'auteur de cette reconnaissance, d'une personne mariée comme second auteur de l'enfant.

Mais que décider si dans un même acte se trouvaient deux reconnaissances qui, par leur corrélation, donneraient à l'enfant la qualité d'incestueux? Aucune raison n'existant de préférer une reconnaissance à l'autre, il nous paraîtrait nécessaire de les déclarer nulles toutes les deux. Nous ne donnerions pas la même solution si les deux reconnaissances avaient été faites par actes séparés; en ce cas, nous n'annulerions que celle qui tendrait à imprimer à l'enfant la qualité d'incestueux, c'est-à-dire la dernière en date, et nous maintiendrions la première, alors même qu'elle indiquerait comme second auteur de l'enfant la personne qui aurait fait ensuite la seconde reconnaissance.

Le texte de l'article 342 ne parle que de l'enfant; mais il n'en est pas moins certain que cet article prohibe la recherche de la preuve de la filiation adultérine ou incestueuse, quelle que soit la personne qui la veuille intenter; si l'enfant seul a été cité par les rédacteurs, c'est que l'hypothèse d'une recherche par lui désirée s'est naturellement présentée à leur esprit plutôt que celle d'une recherche désirée par tout autre. Pour faire ici refuser aux tiers le droit de recherche, s'ajoutait aux raisons qui leur font refuser le droit de rechercher la preuve de la filiation naturelle simple la crainte d'un scandale plus grand encore, d'un scandale tel qu'on n'a pas cru devoir le tolérer dans l'intérêt de l'enfant lui-même.

Bien entendu, toute recherche par voie d'exception est aussi bien proscrite que toute recherche par voie d'action.

Quelques auteurs ont prétendu qu'il fallait faire exception à l'art. 342 pour la recherche de la paternité en cas d'enlèvement. Ils oubliaient que la recherche de la paternité n'étant jamais permise que dans ce cas d'enlèvement, c'est précisément en se plaçant dans cette hypothèse que l'article formule sa prohibition relative à la recherche de la paternité.

Faut-il considérer l'ignorance où était une personne qu'elle commettait un adultère ou un inceste comme effaçant pour l'enfant vis-à-vis d'elle la qualité d'adultérin ou d'incestueux, de telle sorte que la reconnaissance et la recherche seraient alors possibles? Nous ne le croyons pas; la loi n'a pas fait de distinction, et elle a eu raison; car on pouvait laisser au désordre la responsabilité de toutes ses suites, et il y aurait eu danger à écouter en pareille matière les allégations de bonne foi.

Il nous reste à citer des cas où la filiation adultérine ou incestueuse se trouve accidentellement
prouvée par voie de conséquence. (V. art. 762.)

La filiation adultérine se trouve inévitablement
établie lorsqu'une action **en désaveu**, impliquant
adultère de la femme, a renversé la présomption
pater is est.

On s'est demandé s'il faudrait considérer comme
adultérine la filiation de l'enfant dont la mère aurait
été victime d'un viol. Nous croyons que les principes
ne permettent pas de répondre négativement.

La filiation adultérine se trouve aussi établie dans
l'hypothèse prévue par l'art. 325, où l'enfant qui
recherche la preuve d'une filiation légitime réus-
sissant à prouver la maternité, il est établi contre lui
qu'il n'est pas l'enfant du mari.

La constatation de la filiation adultérine peut encore
se rencontrer à la suite de la déclaration de nullité
d'un mariage contracté de mauvaise foi par les deux
auteurs avant la dissolution d'un mariage préexistant.

C'est aussi dans cette hypothèse d'un mariage contracté de mauvaise foi, puis déclaré nul, que pourra
se trouver constatée la filiation incestueuse.

Remarquons qu'à la suite du mariage annulé, c'est
à l'égard du père comme à l'égard de la mère que la
filiation adultérine ou incestueuse est constatée.

Il est encore possible de rencontrer la constatation
d'une filiation adultérine ou incestueuse dans une
décision judiciaire l'ayant admise par erreur.

PROPOSITIONS

DROIT ROMAIN

I. Aux Instituts (2. 4. pr.), les mots *salvâ sub-stantiâ* signifient : *autant seulement que dure la substance.*

II. Le § 30 de Gaius (comm. ii) et le fragment de Pomponius, l. 66 *De jure dotium* (D. 23. 3), ne sont pas inconciliables.

III. Un pacte et une stipulation n'établissaient pas un droit réel de servitude.

IV. Justinien n'a pas apporté à la perte des servitudes par le non-usage d'autre modification que celle relative au laps de temps.

V. La preuve testimoniale n'était pas admise contre ce qui était écrit aux actes, sauf le cas de fraude.

VI. Les lois 20 § 1 et 25 *De dolo malo* (D. 4. 3) se concilient par la différence existant entre le *judicium legitimum* et le *judicium imperio continens.*

DROIT CIVIL FRANÇAIS

I. La reconnaissance d'un enfant naturel mort sans laisser de descendants est nulle.

II. La possession d'état ne prouve pas la filiation naturelle.

III. On ne peut rechercher la filiation naturelle contre l'enfant.

IV. La loi civile ne s'oppose pas au mariage du prêtre.

V. Le tuteur d'un interdit ne peut pas intenter une action en désaveu au nom de l'interdit.

VI. Le don manuel fait à un établissement public est soumis à la nécessité de l'autorisation exigée par l'article 910.

VII. Le supplément de prix payé par le cessionnaire d'un office à son cédant en vertu d'une contre-lettre peut être répété.

DROIT CRIMINEL

I. Un témoin se rend coupable de faux témoignage en altérant la vérité, alors même que l'expression de cette vérité l'incriminerait personnellement.

II. De simples mensonges peuvent constituer les manœuvres frauduleuses nécessaires pour l'existence du délit d'escroquerie.

DROIT DES GENS

I. Il appartient aux tribunaux français de connaître des crimes ou délits commis à bord d'un navire de commerce étranger stationnant dans un port français, si ces crimes ou délits n'ont pas été commis entre gens de l'équipage.

II. Un étranger divorcé peut se marier en France du vivant de son premier conjoint.

Vu par le *doyen de la Faculté*,
C -A. PELLAT.

Vu par le *Président de la thèse*,
COLMET-DAAGE.

Permis d'imprimer :
Le Vice-Recteur,
A. MOURIER.

23243   PARIS. IMP. RENOU ET MAULDE, RUE DE RIVOLI, 144.

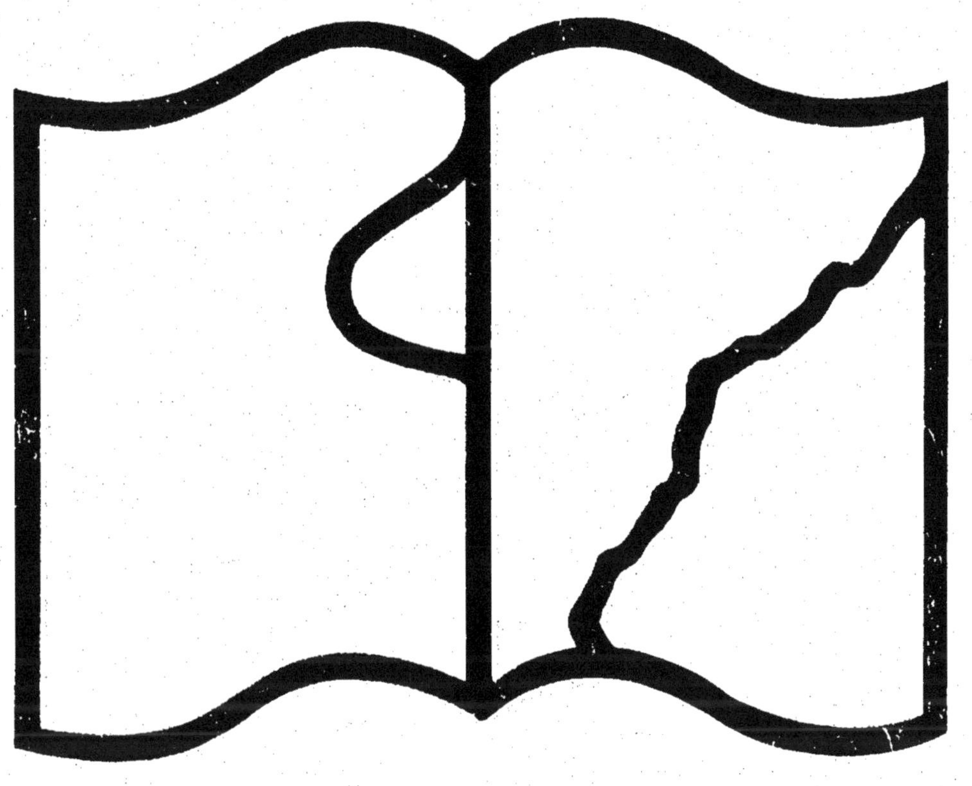

Texte détérioré — reliure défectueuse

NF Z 43-120-11

Contraste insuffisant

www.ingramcontent.com/pod-product-compliance
Ingram Content Group UK Ltd.
Pitfield, Milton Keynes, MK11 3LW, UK
UKHW022232120726
13694UKWH00002B/806